Marianna Hricová

Sprachförderung bei Mehrsprachigkeit

Ein Ratgeber für Eltern,
Pädagogen und Therapeuten

RATGEBER

für Angehörige, Betroffene und Fachleute

Marianna Hricová

Sprachförderung bei Mehrsprachigkeit

Ein Ratgeber für Eltern, Pädagogen und Therapeuten

Schulz-Kirchner Verlag

Bibliografische Information der Deutschen Nationalbibliothek

Die Deutsche Nationalbibliothek verzeichnet diese Publikation in der Deutschen Nationalbibliografie; detaillierte bibliografische Daten sind im Internet über http://dnb.d-nb.de abrufbar.

1. Auflage 2021
ISBN 978-3-8248-1280-6
eISBN 978-3-8248-9920-3

Mollweg 2, D-65510 Idstein
Vertretungsberechtigte Geschäftsführer:
Dr. Ullrich Schulz-Kirchner, Martina Schulz-Kirchner
Titelfoto: © JackF – Adobe Stock
Lektorat: Doris Zimmermann
Umschlagentwurf und Layout: Petra Jeck/Susanne Koch
Icons: Auge: kiranshastry – Flaticon
Druck und Bindung: Plump Druck & Medien GmbH,
Rolandsecker Weg 33, 53619 Rheinbreitbach
Printed in Germany

Inhalt

Vorwort

Auf dem Markt findet man einige Bücher, die mehrsprachige Entwicklung beschreiben oder allgemeine Tipps zur Sprachförderung geben. Ein Werk, das auf den Spezialfall der Sprachförderung bei mehrsprachigen Kindern eingeht, fehlt bisher. Diese Lücke möchte dieser Ratgeber schließen. Er fasst das neueste Fachwissen zur Sprachentwicklung bei Mehrsprachigkeit auf verständliche Weise zusammen. Er hilft Ihnen zu entscheiden, ob die Sprachentwicklung Ihres Kindes dem typischen Verlauf entspricht, wann ein Risiko besteht und eine fachliche Sprachdiagnostik notwendig ist. Er rekapituliert Grundsätze der Sprachförderung bei Mehrsprachigkeit und gibt Ihnen Tipps, wie Sie Ihr Kind speziell bei Mehrsprachigkeit unterstützen können.

Als Eltern sorgen Sie sich, ob die Sprachentwicklung Ihres mehrsprachigen Kindes normal verläuft, und fragen sich, wie eine normale Sprachentwicklung bei Mehrsprachigkeit eigentlich aussieht. Der Arzt rät Ihnen abzuwarten, das Kind wachse mit mehreren Sprachen auf, der verspätete Sprachbeginn und die Fehler seien normal! Die Erzieherin meint, die Sprache sollte nach einem Jahr im Kindergarten doch schon etwas weiter entwickelt sein, und die Logopädin, zu der Sie schließlich zur Diagnostik kommen, fragt, warum Sie erst kurz vor dem Schuleintritt da sind …

Was nun jetzt? Wann ist die mehrsprachige Entwicklung normal? Wann sollten Sie sich nach einer fachlichen Unterstützung umsehen und wie können Sie die Sprache Ihres Kindes in seiner natürlichen mehrsprachigen Umgebung am besten fördern?

Dieses Buch erläutert das aktuelle Fachwissen zu den Hintergründen der Sprachentwicklung beim Erwerb mehrerer Sprachen. Es unterstützt Sie dabei, richtig einzuschätzen, ob bei Ihrem Kind alles auf dem richtigen Weg ist oder eine diagnostische Abklärung sinnvoll ist. Sie finden hier Hinweise und Ideen, wie Sie die Sprache des Kindes auf den jeweiligen Entwicklungsstufen fördern können, welche Grundsätze dabei zu beachten sind und welche Techniken und Strategien sich gezielt einsetzen lassen. Es erklärt Ihnen, wie Sie mit Büchern Ihr Kind dabei unterstützen können, die Sprache und die Mehrsprachigkeit zu meistern, und bietet Ihnen eine Übersicht der Verlage, die sich auf mehrsprachige Kinderbücher spezialisieren. Schließlich liefert es Ihnen Spielideen und Tipps, wie man die Neuen Medien, wie etwa mobile Applikationen, oder Echo-Geräte zur Sprachförderung nutzen kann.

| Besonderheiten der Sprachentwicklung beim Erwerb mehrerer Sprachen

Wo fängt man an? Bevor die Sprache bei Mehrsprachigkeit beurteilt wird, muss berücksichtigt werden, ob die Sprachen gleichzeitig simultan von Geburt an oder nacheinander sukzessiv erworben werden. Um richtig einschätzen zu können, ob es sich bei den Besonderheiten um normale Phänomene der mehrsprachigen Entwicklung handelt oder um Risiken – und somit mögliche Hinweise auf eine Sprachstörung –, kann man sich an den typischen Verläufen des gleichzeitigen (simultanen) und des sukzessiven (nacheinander) Spracherwerbs orientieren.

Typische Verläufe des Spracherwerbs

Die Konstellationen, unter denen mehrsprachige Kinder aufwachsen, sind sehr vielfältig. Deshalb wirken beim Spracherwerb zahlreiche Faktoren, die bei der Beschreibung der typischen Verläufe eine Rolle spielen. Dazu gehören das Alter, in dem das Kind zum ersten Mal mit der Sprache in Kontakt kommt, und die Zeit, die es mit der Sprache verbringt. Auch die Menge und die Art des sprachlichen Angebots sowie die sozialen und kulturellen Bedingungen müssen dabei berücksichtigt werden.

Mehrsprachig aufwachsende Kinder, die die Sprachen gleichzeitig erlernen, können ganz unterschiedliche Erfahrungen im Vergleich zu Kindern machen, die die Sprachen nacheinander erwerben.

Gleichzeitig – simultaner Spracherwerb

Sprachlich simultan aufwachsende Kinder können von Anfang an zwei oder mehrere Sprachen in deren sprachlichen und kulturellen Kontext begreifen. Mit Beginn des zweiten Lebensjahrs verstehen sie, dass dasselbe Objekt in den jeweiligen Sprachen unterschiedlich bezeichnet werden kann. Ihr Sprachverständnis wächst schnell in allen Sprachen und ist mit dem Sprachverständnis der einsprachigen Kinder vergleichbar. Damit haben sie einen klaren Vorteil gegenüber den Kindern mit sukzessivem (nacheinander) Spracherwerb. In den meisten Fällen möchten Eltern, dass die Kinder beide beziehungsweise alle Sprachen von Anfang an verstehen und sprechen. Durch die emotionale und kulturelle Verbindung sind die Kinder in den meisten Fällen auch in der Lage, die Sprachen entsprechend zu verwenden.

Trotz der vielen möglichen Varianten des simultanen Spracherwerbs lassen sich doch einige Muster erkennen. Man bezeichnet hier die Sprachen als Sprache A und Sprache Alpha, da sie gleichzeitig auftreten und deshalb nicht als eine Erst- und eine Zweitsprache bezeichnet werden können.

Nehmen wir an, Liam, der 3 Jahre alt ist und von Geburt an Französisch und Englisch zweisprachig aufwächst, versteht und spricht Französisch (Sprache A), versteht, spricht jedoch nicht Englisch (Sprache Alpha). Er würde nach unserer Tabelle dem Muster 2 entsprechen.

	Das Kind versteht die Sprache A	Das Kind spricht die Sprache A	Das Kind versteht die Sprache Alpha	Das Kind spricht die Sprache Alpha
Muster 1	JA	JA	JA	JA
Muster 2	JA	JA	JA	NEIN
Muster 3	JA	NEIN	JA	NEIN

Muster 1 ist der Normalfall, der am häufigsten auftritt.
Muster 2 ist auch als Normalfall zu sehen, tritt jedoch eher seltener auf.
Muster 3 kommt seltener vor und erfordert weitere diagnostische Abklärung.

Nacheinander – sukzessiver Spracherwerb

Für die Kinder mit sukzessivem Spracherwerb kann der Erstkontakt mit der „neuen" Sprache, etwa beim Eintritt in die Kita, zunächst einen Schock bedeuten. Sie können mit der Umgebung nicht, oder nur eingeschränkt, verbal kommunizieren. Das strukturierte sprachliche Angebot in der Tagesstätte unterscheidet sich wesentlich von der Sprache, die sie von zu Hause kennen. Die Kommunikation erfolgt hier überwiegend in der Gruppe. Es findet selten ein Gespräch „unter vier Augen" statt. Diese neue Situation kann sich negativ auf das psychische Wohlbefinden der Kinder auswirken[1]. Es dauert einige Monate, bis diese Kinder die Sprache der Umgebung völlig verstehen. Die tatsächliche Dauer hängt häufig vom Individualfall ab. Typischerweise zeigen dreijährige Kinder, die beim Eintritt in den Kindergarten zum ersten Mal mit der Zweitsprache in Kontakt kommen, große Fortschritte im Sprachverständnis nach etwa einem Jahr. Einige Untersuchungen zeigen jedoch, dass diese Kinder auch noch im Alter von 5 Jahren ein schlechteres Sprachverständnis in der Zweitsprache haben als gleichaltrige einsprachige Kinder oder Kinder mit gleichzeitigem Spracherwerb. Dies lässt sich damit erklären, dass die Fähigkeit der Kinder, neue Wörter zu lernen, sehr stark vom Sprachangebot abhängig sein kann. Kinder mit sukzessivem (nacheinander) Spracherwerb bekommen einen geringeren und qualitativ unterschiedlichen sprachlichen Input als Kinder, die mit mehreren Sprachen von Geburt an aufwachsen. Wie lange es tatsächlich dauert, bis die Kinder nach dem ersten Kontakt mit der Zweitsprache tatsächlich anfangen, in dieser zu kommunizieren, kann sehr unterschiedlich sein.

1 Houwer, 2017

Zu den wirkenden Faktoren gehören hier u. a. die Persönlichkeit und die Stärke der emotionalen und kulturellen Verbindung der Kinder zu ihrer Erstsprache.

Fallbeispiel 1 – nacheinander – sukzessiv zweisprachig

Hugo wächst zweisprachig Französisch-Deutsch auf. Die Sprache der Eltern – Französisch – wird zu Hause gesprochen. Mit der Sprache der Umgebung – Deutsch – kommt Hugo erst mit dem Eintritt in den Kindergarten in Kontakt. Deutsch wird zu seiner Zweitsprache.

Fallbeispiel 2 – gleichzeitig – simultan dreisprachig

Katarina wächst dreisprachig Tschechisch-Portugiesisch-Deutsch auf. Zu Hause bekommt sie von Geburt an einen ausgeglichenen sprachlichen Input in den beiden Sprachen der Eltern. Die Familiensprache, die Sprache, in der die Eltern miteinander zu Hause kommunizieren, ist Deutsch. In der Umgebung und in der Tagespflege, die sie ab dem 1. Lebensjahr besucht, wird sie mit der deutschen Sprache konfrontiert.

Fallbeispiel 3 – simultan/sukzessiv dreisprachig

Eloise wächst dreisprachig Englisch-Französisch-Deutsch auf. Zu Hause bekommt sie von Geburt an einen ausgeglichenen sprachlichen Input in den beiden Sprachen der Eltern – Englisch und Französisch. Die Familiensprache ist Englisch. Mit dem Eintritt in einen Deutsch-Englisch zweisprachigen Kindergarten wird sie mit der deutschen Sprache konfrontiert und erhält in dieser Sprache einen strukturierten Input.

Was ist normal?

Typische Merkmale

Sowohl beim gleichzeitigen – simultanen – als auch beim sukzessiven (nacheinander) Spracherwerb wirkt eine Reihe von Faktoren, die den Verlauf beeinflussen. Dies können soziale Faktoren sein, emotionale Faktoren oder kognitive und begabungsbedingte Faktoren. Zu den wichtigen Einflüssen gehören die linguistischen Wirkungen der beteiligten Sprachen. Beim gleichzeitigen

Spracherwerb wird häufig untersucht, wie die beteiligten Sprachen aufeinander wirken. Beim sukzessiven (nacheinander) Spracherwerb wird häufig der Einfluss der Erstsprache auf den Erwerb der Zweitsprache analysiert. Man spricht hier von Übertragungen von der einen Sprache auf die andere. Diese Übertragung wird als Transfer bezeichnet. Führt der Transfer zu einem negativen Ergebnis, spricht man von einer Interferenz.
Bei den mehrsprachig aufwachsenden Kindern lassen sich einige Merkmale beobachten, die dadurch erklärt werden können, dass die Sprachen aufeinander wirken.

Die Sprachen wirken aufeinander! – Sprachliche Interferenzen

Sprachliche Interferenzen sind Überlagerungen von Elementen, Regeln oder Strukturen einer Sprache auf die andere(n). Sie gehören zum normalen Ablauf der mehrsprachigen Entwicklung und lassen mit dem Voranschreiten des Spracherwerbs nach. Sie können im Bereich der Aussprache, des Wortschatzes oder der Grammatik auftreten.

➲ Beispiel für eine Interferenz im Bereich Aussprache: „Sau mal, Mama!“, sagt die 5-jährige griechisch-deutschsprachige Maria anstatt: „Schau mal, Mama!“. Da im Griechischen der Laut /sch/ nicht vorkommt, wird dies auf das Deutsche übertragen, indem zwischen den Lauten /s/ und /sch/ kein Unterschied gemacht wird.

➲ Beispiel für eine Interferenz im Wortschatz: „Die Giraffe hat einen langen Nacken“, sagt die 5-jährige englisch-deutschsprachige Laura. Es wird das Wort gewählt, das im Englischen den Körperteil bezeichnet und nicht zwischen dem Begriff Hals und Nacken differenziert.

➲ Beispiel für eine grammatische Interferenz: „Ich habe gehabt Fieber“, sagt der 6-jährige italienisch-deutschsprachige Enrico. Das für das Italienische korrekte Satzmuster wird auf das Deutsche übertragen.

Es wird vermischt! – Sprachmischungen

Bei Sprachmischungen werden während des Sprechens Wörter oder Satzteile aus einer anderen Sprache dazwischengeschoben. Sie treten nur punktuell auf, geben den Eindruck eines Fremdkörpers und stören häufig den Redefluss des Sprechers. Sie treten besonders in der frühen Phase des Spracherwerbs auf.

➲ Beispiel: „You know, we have to cut this and dann Marienkäfer ausmalen“, sagt der 4-jährige David, wenn er erzählt, welche Aufgabe sie für das Wochenende vom Kindergarten bekommen haben.

Es wird zwischen den Sprachen umgeschaltet! – Code-Switching

Code-Switching oder Kodewechsel bezeichnet bedarfsorientiertes Umschalten zwischen den Sprachen. Es kann sich auf einzelne Wörter, Sätze oder ganze Phrasen beziehen. Ein Kodewechsel kann unbewusst oder absichtlich aus mehreren Gründen erfolgen:

- aufgrund mangelnder Sprachbeherrschung der weniger dominanten Sprache
- durch die sozial-emotionale Bindung an die dominante Sprache
- aufgrund der Veränderung des sozialen Kontextes
- aufgrund der Veränderung der Gesprächsteilnehmer-Konstellation
- durch einen Themenwechsel
- aus stilistischen oder metaphorischen Gründen, um eine Erzählung besonders auszuschmücken

Kodewechsel ist auch als eine Fähigkeit von mehrsprachigen Kindern zu sehen, um im geschickten Umgang mit Sprache den Gesprächspartner und den Kontext zu berücksichtigen.
Beispiel für einen Kodewechsel beim Themawechsel: „Heute haben wir doch die Matheprobe geschrieben and I think I did it well, but Lisa was a bit sad, because Marco ...", sagt die 9-jährige Namita, als sie von der Schule kommt und ihrer Mama erzählt, wie der Tag war.

„Nein, ich will nicht!" – Sprachverweigerung

Im Laufe der Sprachentwicklung kann es zu Verweigerung einer der Sprachen kommen. Das kann sich auf eine Person oder auf eine Umgebung beziehen. Die Gründe dafür können unzureichende sprachliche Anregungen sein, negatives Prestige der Sprache oder mit der Sprache (und mit den Personen, die diese vertreten) verbundene negative Emotionen. Etwa ein Viertel der gleichzeitig mehrsprachigen Kinder verweigert die Sprache, die zu Hause gesprochen wird, kurz nachdem sie in den Kindergarten kommen. Dies führt dazu, dass das Kind und die Eltern in ihrer gemeinsamen Kommunikation unterschiedliche Sprachen nutzen. Das kann die familiäre Kommunikation und die Familiendynamik negativ beeinflussen[2]. Bei den sukzessiv (nacheinander) mehrsprachig aufwachsenden Kindern kommt es eher selten vor, dass sie die Erstsprache verweigern.
Die Verweigerung einer Sprache ist als eine natürliche Reaktion des Kindes auf seine in dieser Sprache (noch) nicht entwickelte Kompetenz zu werten. Treten in der sprachlichen Entwicklung des Kindes keine weiteren Schwierigkeiten auf, besteht hier kein Grund zur Sorge.

Das erste Wort kommt etwas später! – Verspäteter Sprachbeginn

Bei Mehrsprachigkeit ist ein Sprachbeginn im 14. bis 16. Lebensmonat normal. Die einzelnen Erwerbsstufen werden einfach zeitlich verschoben. Unterschiedliche linguistische Komplexität

---

2 Houwer, 2015

der Sprachen, Häufigkeit des Gebrauchs einzelner Sprachen oder die Sprachmotivation spielen hierbei eine Rolle.

Eine Sprache wird stärker sein! – Dominante Sprache

Sind sich die Sprachen aus linguistischer Sicht ähnlich, wie etwa Deutsch und Englisch, und der Input und die Motivation in den beiden Sprachen in gleichem Maß vorhanden, so werden sich die Sprachen gleichzeitig entwickeln. Unterscheiden sich die Sprachen in ihrer Struktur stark voneinander und ist eine der Sprachen stärker in der Umgebung vertreten, so kann es vorkommen, dass die Entwicklung der beiden Sprachen unterschiedlich verläuft. Die linguistisch einfachere Sprache, die auch die Umgebungssprache ist, wird sich zur „dominanten Sprache"[3] entwickeln und die linguistisch komplexere Sprache, in der das Kind auch weniger Input bekommt, zur „schwachen Sprache".

Was ist nicht entwicklungskonform?

Wie lassen sich die Hinweise auf eine mögliche Sprachstörung im Spracherwerb der Kinder erkennen? Die folgenden drei Schritte und die dazugehörigen Leitfragen helfen, mögliche Risiken für die Sprachentwicklung zu identifizieren.

Um die Sprache des Kindes richtig einschätzen zu können, müssen der sprachliche Kontext und das Sprachangebot beurteilt werden. Wie viel und in welchen Situationen wird mit dem Kind in welcher Sprache gesprochen? Wie oft und wann hat das Kind die Möglichkeit, die Sprachen zu nutzen? In diesem ersten Schritt wird festgestellt, ob es sich um einen gleichzeitigen (simultanen) oder um einen sukzessiven (nacheinander) Spracherwerb handelt.

Schritt 1: Sprachliche Settings identifizieren

- **Welche Sprachen hört das Kind aktuell? Zu Hause, in der Tagespflege, unterwegs?**
- **Welche Sprachen werden mit dem Kind gesprochen? Von Erwachsenen und von anderen Kindern?**
- **Ab welchem Alter hat das Kind einen regelmäßigen (fast täglichen) Input in diesen Sprachen bekommen?**

Danach können das Sprachverständnis und die Sprachproduktion entsprechend eingeschätzt werden.

---

3 Die meisten Mehrsprachigen erreichen nicht in allen Sprachen das gleiche Niveau. Häufig entwickelt sich eine der Sprachen zur sogenannten dominanten Sprache. Dies kann sich im Laufe der Sprachentwicklung – zum Beispiel mit dem Schuleintritt – verändern.

Schritt 1 Sprachliche Settings identifizieren	Welche Sprachen hört das Kind aktuell? Zu Hause, in der Tagespflege, unterwegs?	Welche Sprachen werden mit dem Kind gesprochen (auch von anderen Kindern)?	Ab welchem Alter hat das Kind einen regelmäßigen (fast täglich) Input in diesen Sprachen bekommen?	**Schritt 2** Sprachverständnis einschätzen

Abb. 1: Sprachliche Settings identifizieren

Bei den nachfolgenden Fragen geht man davon aus, dass mehrsprachig simultan aufwachsende Kinder einen regelmäßigen sprachlichen Input in allen Sprachen bekommen. Im Falle des sukzessiven (nacheinander) Spracherwerbs sollten Kinder mindestens 6 Monate lang Kontakt mit der Zweitsprache gehabt haben.
Die Fragen können zur ersten Orientierung bei Kindern ab 18 Monaten dienen, indem die Eltern sich diese selbst stellen. Sie können jedoch auch dem pädagogischen Personal helfen, eine Einschätzung zu bilden, indem die Eltern zum Verlauf des Spracherwerbs befragt werden.

Schritt 2: Sprachverständnis einschätzen

gleichzeitig – simultan

- → **Versteht das Kind beide Sprachen?**
- → **Entspricht das Sprachverständnis in mindestens einer Sprache dem Level eines einsprachigen Kindes?**

nacheinander – sukzessiv

- → **Versteht das Kind die Erstsprache, aber nicht die Zweitsprache?**
- → **Versteht das Kind die Zweitsprache, aber nicht die Erstsprache?**
- → **Versteht das Kind beide Sprachen?**
- → **Entspricht das Sprachverständnis entweder in der Erstsprache oder in Zweitsprache oder in beiden Sprachen dem Level eines einsprachigen Kindes?**

Bei der Einschätzung der Sprachproduktion gilt es zu berücksichtigen, dass man darunter nicht nur die Produktion einzelner Wörter versteht, sondern auch deren sinnvolle Anwendung und das Sprechen von Sätzen.

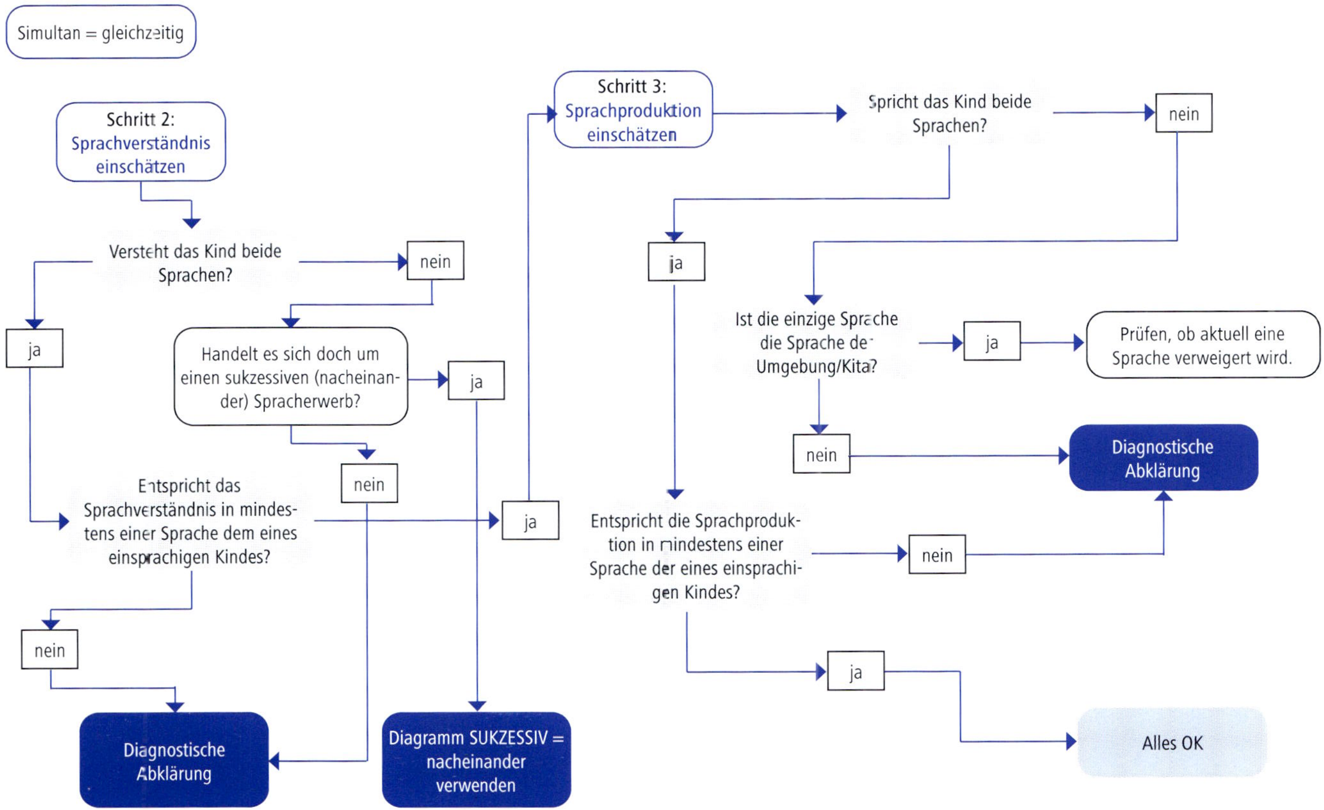

Abb. 2: Einschätzung der Sprache beim simultanen (gleichzeitigen) Spracherwerb

Schritt 3: Sprachproduktion einschätzen

gleichzeitig – simultan

- → Spricht das Kind beide Sprachen?
- → Ist die einzige Sprache, die das Kind spricht, die Sprache der Umgebung/Kita?
- → Entspricht die Sprachproduktion in mindestens einer Sprache dem Niveau eines einsprachigen Kindes?

nacheinander – sukzessiv

- → Versteht und spricht das Kind die Erstsprache, aber kaum die Zweitsprache?
- → Versteht und spricht das Kind die Zweitsprache, aber kaum die Erstsprache?
- → Spricht (verwendet) das Kind beide Sprachen?
- → Entspricht die Sprachproduktion in der Erstsprache dem Level eines einsprachigen Kindes?
- → Kommuniziert das Kind fließend in der Zweitsprache?
- → Kommuniziert das Kind fließend in mindestens einer der Sprachen?

Die Flussdiagramme leiten Sie durch die Einschätzung des Sprachverständnisses und der Sprachproduktion beim simultanen (gleichzeitigen) und beim sukzessiven (nacheinander) Spracherwerb. Sie helfen Ihnen zu entscheiden, ob eventuelle Risiken bestehen und im Einzelfall eine Abklärung durch Experten erforderlich ist.

Um die Besonderheiten der sprachlichen Entwicklung bei Mehrsprachigkeit zu verstehen, wurden bisher mehr typische Verläufe bei gleichzeitigem Spracherwerb als beim Erwerb mehrerer Sprachen nacheinander untersucht.

Aufgrund der großen Vielfalt bei der sukzessiven (nacheinander) Mehrsprachigkeit lassen sich typische Verläufe nur eingeschränkt beschreiben. Jedoch sind typische Erscheinungen und Phänomene zu beobachten, die dabei helfen, Risikofaktoren oder Indikatoren eines möglichen Sprachproblems oder einer Sprachstörung frühzeitig zu erkennen.

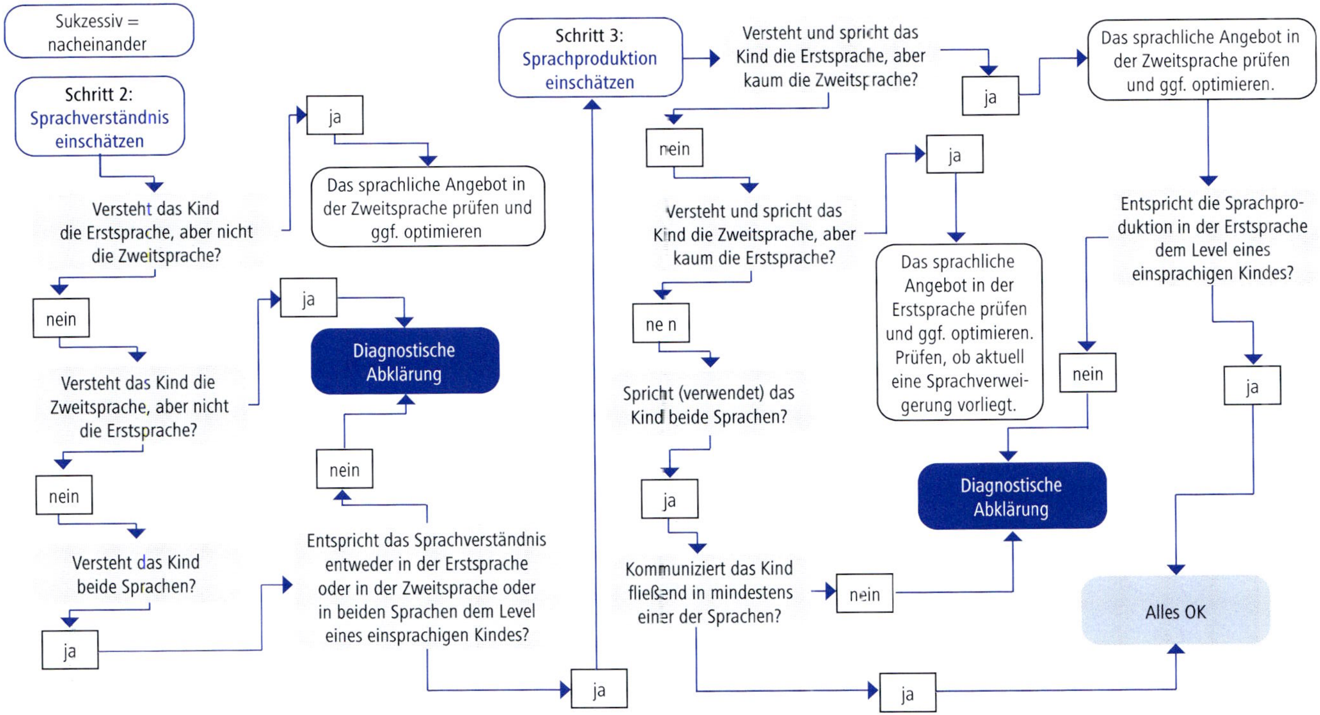

Abb. 3: Einschätzung der Sprache beim sukzessiven (nacheinander) Spracherwerb

Literaturempfehlungen

Für Eltern

Jiménez, I. M. (2015). Mit Sprache umhüllen: Praktische Tipps für die bilinguale Erziehung (1. Aufl.). Pulheim: SchauHoer

Nodari, C. & Rosa, R. de (2006). Mehrsprachige Kinder: Ein Ratgeber für Eltern und andere Bezugspersonen (2. Aufl.). Bern: Haupt

Bourgogne, A. (2013). Be bilingual: Practical ideas for multilingual families. Selbstverlag

Abdelilah-Bauer, B. (2015). Zweisprachig aufwachsen: Herausforderung und Chance für Kinder, Eltern und Erzieher (3. Aufl. 2016). München: Verlag C. H. Beck

Für Erzieher und Pädagogen

Hofbauer, C. (2018). Sprachen und Kulturen im Kita-Alltag. Freiburg, Basel, Wien: Herder

Montanari, E. & Panagiotopoulou, A. (2019). Mehrsprachigkeit und Bildung in Kitas und Schulen. utb Pädagogik, Sprachwissenschaft. Tübingen: Narr Francke Attempto Verlag

Jeuk, S. (2018). Deutsch als Zweitsprache in der Schule: Grundlagen – Diagnose – Förderung (4. Aufl.). Lehren und Lernen. Stuttgart: W. Kohlhammer

Kniffka, G. & Siebert-Ott, G. (2009). Deutsch als Zweitsprache: Lehren und Lernen (2., durchges. Aufl.). StandardWissen Lehramt. Paderborn: Schöningh

Chilla, S. & Niebuhr-Siebert, S. (2017). Mehrsprachigkeit in der KiTa: Grundlagen – Konzepte – Bildung. Entwicklung und Bildung in der Frühen Kindheit. Stuttgart: Kohlhammer Verlag

Infoportale zur Mehrsprachigkeit

https://www.mehrsprachigkeit.uni-konstanz.de/

https://www.bielefelder-institut.de/fruehkindliche-zweisprachigkeit.html

https://www.fmks.eu/

https://www.verband-binationaler.de/

https://bilingual-erziehen.de/

https://bilingual-babies.com/

http://www.multilingual-families.eu/

https://www.thepiripirilexicon.com/p/be-multilingual.html

| Sprachförderstrategien finden und richtig einsetzen

Was sagt die Wissenschaft?

Aus den Erkenntnissen der bisherigen Forschung zum multilingualen Spracherwerb und zur mehrsprachigen Erziehung lassen sich einige Fakten festhalten.

1. Der Input in mehreren Sprachen überfordert Kinder nicht

Häufig besteht seitens der Eltern die Sorge, dass der multilinguale Spracherwerb die Kinder überfordert, oder sie stellen sich die Frage, inwieweit die mehrsprachige Erziehung in deren individuellen Kontext machbar ist. Kinder sind unter normalen Bedingungen problemlos in der Lage, den sprachlichen Input in mehreren Sprachen aufzunehmen und diesen bezogen auf den entsprechenden sprachlichen Kontext zu nutzen.

2. Kinder verknüpfen ihre Sprachen

Lange bestand die Annahme, dass die Sprachen strikt separat voneinander gehalten werden müssen. Kinder lernen die Sprache im jeweiligen Kontext – dies bedeutet mit der Person, in der Umgebung oder in einer bestimmten Situation, in der die Sprache gesprochen wird. Die sprachlichen Erfahrungen, die sie machen, werden jedoch verknüpft. Somit besteht kein Risiko, wenn mit den Kindern das jeweilige Äquivalent in den anderen Sprachen gesucht wird, indem man etwa die Frage stellt: „Und wie sagt die Oma dazu?" Die Kinder zeigen Interesse an den Unterschieden der beteiligten Sprachen, wie die Äußerung des 2,5-jährigen Filip verdeutlicht: „Ich bin so neugierig … auf die Wörter, die Tante Maja sagt."

3. Der Erwerb mehrerer Sprachen erfordert mehr Zeit als Erwerb einer Sprache

Ein verspäteter Sprachbeginn gehört zu den typischen Begleiterscheinungen bei Mehrsprachigkeit. Die linguistische Komplexität mehrerer Sprachen sowie die Unterschiede darin, wie umfangreich oder wie intensiv die einzelnen Sprachen dem Kind angeboten werden, führen dazu, dass sich die Sprachentwicklungsstufen nach hinten verschieben. Wird erst im 16. Lebensmonat das erste Wort gesprochen, ist dies normal. Setzt der Sprachbeginn jedoch erst nach dem zweiten Lebensjahr ein, ist eine diagnostische Abklärung erforderlich.

4. Die Leistung in der dominanten Sprache bei mehrsprachigen Kindern ist nicht mit den sprachlichen Leistungen bei einsprachigen Kindern zu vergleichen

Die Beurteilung der sprachlichen Kompetenz mehrsprachiger Kinder ist ein häufiges Thema und stellt für Pädagogen und Therapeuten eine Herausforderung dar. Man kann nur schwer, wenn überhaupt, eine mehrsprachige Norm bestimmen, um sagen zu können, ob die sprachlichen Leistungen des Kindes dieser Norm entsprechen oder von ihr abweichen. Genauso problematisch ist es, das Sprachniveau in einer der Sprachen eines mehrsprachigen Kindes mit der sprachlichen Norm, die bei den Einsprachigen bestimmt wurde, zu vergleichen. Das Ganze ist nicht die Summe seiner Teile. Die sprachlichen Leistungen einer mehrsprachigen Person in ihrer dominanten Sprache sind durch zahlreiche Faktoren des multilingualen Spracherwerbs bestimmt, einzigartig und daher nicht mit den sprachlichen Leistungen bei einsprachigen Kindern vergleichbar.

5. Der Wortschatz ist der beste Indikator für die Sprachkompetenz bei Mehrsprachigkeit

Als der beste Indikator, um die sprachliche Kompetenz bei mehrsprachigen Kindern zu beurteilen, hat sich der Gesamtwortschatz erwiesen. Die bekannte 50-Wörter-Grenze im zweiten Lebensjahr als ein Kriterium für eine Sprachentwicklungsverzögerung kann somit auf die Anzahl der Wörter in allen Sprachen bezogen werden.

6. Mehrsprachige Kinder können in den unterschiedlichen Sprachen unterschiedlich leistungsstark sein

Die sprachliche Leistung kann in den jeweiligen Sprachen variieren und sie verändert sich im Laufe der Sprachentwicklung. Je nachdem, wie und wie viel in der einen oder in der anderen Sprache dem Kind angeboten wird, oder je nachdem, wie linguistisch komplex die Sprache ist, kann das Kind unterschiedlich schnell lernen. Es spielen hier aber auch weitere Faktoren eine Rolle, wie zum Beispiel die Veränderung des sprachlichen Umfelds, wie etwa der Wechsel vom Kindergarten in die Schule, wo die Kinder die Sprache in einer weiteren Modalität – nämlich als Schriftsprache – erleben. So kann in einem bestimmten Abschnitt der Sprachentwicklung mal die eine, mal die andere Sprache dominieren.

7. Die Qualität und Quantität des sprachlichen Angebots in allen Sprachen beeinflussen deren Entwicklung

Je nachdem, wann, wie und in welchem Kontext die Sprache dem Kind angeboten wird, variiert ihre Entwicklung. Der Zeitpunkt, ab dem die Sprache eingesetzt wird – von Anfang an, oder erst mit dem Eintritt in den Kindergarten –, hat einen Einfluss darauf, welche Themen im Vordergrund stehen. Auch die Intensität des Kontakts mit der Sprache spielt hier eine Rolle. Bekommt das Kind von einem Elternteil mehr und qualitativ unterschiedlichen sprachlichen Input, unterscheidet sich entsprechend die sprachliche Entwicklung. Beim sukzessiven (nacheinander) Spracherwerb bekommen Kinder mit dem Eintritt in den Kindergarten einen sowohl qualitativ als auch quantitativ unterschiedlichen sprachlichen Input als zu Hause. Während zu Hause eine intensive individuelle Kommunikation zwischen dem Kind und dem Elternteil stattfindet, erfolgt dagegen im Kindergarten die Kommunikation in der Gruppe, indem entweder die Erzieherin zur Gruppe der Kinder spricht oder die Gespräche unter den Kindern mit unterschiedlichem Sprachniveau stattfinden.

8. Mehrsprachige Eltern sollten keine Hemmungen zeigen, ihre Sprache zu sprechen

Die Sprachen des Kindes und der Familie müssen wertgeschätzt werden. Hemmungen, die Sprache außerhalb des Hauses oder der Familie zu sprechen, können dem Kind ein verzerrtes Bild vermitteln, die Sprache wäre nicht attraktiv genug oder sogar unerwünscht. Die Eltern fragen sich häufig, ob dies etwa im Kindergarten oder in einer Gruppe von mehreren Personen nicht unhöflich gegenüber den Beteiligten wäre. Diese Sorge ist unbegründet, da es sich dabei um eine natürliche Situation handelt, in der sie mit dem Kind ihre „gewöhnliche" Sprache sprechen und dabei authentisch bleiben. Die Personen mit dem Hintergrundwissen zur Mehrsprachigkeit zeigen dafür in der Regel durchaus ausreichend Verständnis. Fühlen sich die Eltern dabei dennoch unwohl, können Sie das zwischen dem Kind und dem Elternteil Gesagte in der Sprache der Gruppe zusätzlich paraphrasieren.

9. Mehrsprachige Konstellationen sind sehr vielfältig. Es existiert keine typische mehrsprachige Person

Die Möglichkeiten des Erwerbs mehrerer Sprachen sind sehr vielfältig: unterschiedliche Sprachen in zahlreichen Kombinationen, die gleichzeitig oder nacheinander erworben werden. Hierzu kommen die Unterschiede in der Qualität und in der Quantität des sprachlichen Angebots sowie die familiäre Situation. Auch die individuellen Faktoren wie Motivation oder die Persönlichkeit der Eltern und des Kindes dürfen nicht außer Acht gelassen werden.

Dennoch gibt es Grundsätze für die Sprachförderung bei Mehrsprachigkeit. Darauf wird im Folgenden eingegangen. Was sollten Sie als Eltern eines mehrsprachigen Kindes beachten?

Was muss ich beachten?

Tab. 1: Grundsätze der Sprachförderung

Was muss ich beachten?	DO´s	DON´Ts
Gesamtpersönlichkeit des Kindes wahrnehmen und berücksichtigen	▪ Sprachliche Situationen, das Thema, das sprachliche Angebot entsprechend der Persönlichkeit des Kindes gestalten	▪ Soziale und sprachliche Interaktionen erzwingen, um Sprache möglichst zu fördern, auch wenn das Kind eher introvertiert ist und andere Interessen bevorzugen würde
Mimik und Gestik beim Sprechen einsetzen	▪ Während des Sprechens Blickkontakt mit dem Kind halten ▪ Gemeinsamen Fokus auf die kommentierte Situation richten oder Handlungen durch die Gesten unterstützen ▪ Gesten zur Unterstützung des Sprachverständnisses einsetzen	▪ Beim Sprechen in eine andere Richtung schauen oder körperlich abgewandt sein, auf den Computer oder Smartphone schauen ▪ Lediglich verbalen Input ohne Einsatz von Mimik und Gestik anbieten
Bedürfnisse und Interessen des Kindes ansprechen	▪ Sprachlichen Input bezogen auf die konkrete (aktuelle) Situation anbieten ▪ Die Interessen des Kindes bei der Wahl des Themas berücksichtigen und flexibel anpassen, wenn sich der Fokus verlagert	▪ Sprachlichen Input nach bestimmten Themen wählen, die für das Kind keinen konkreten Bezug haben oder außerhalb seines Interessengebiets liegen

Was muss ich beachten?	DO´s	DON´Ts
Alle Sinne beim Sprechen anregen	▪ Das sprachliche Angebot durch Anregung weiterer Sinne unterstützen, indem man z. B. die benannten Objekte gleichzeitig berührt, mit ihnen manipuliert, ihre Form, Material oder Oberfläche wahrnimmt	▪ Das sprachliche Angebot nur durch das Sprechen anbieten
Wertschätzung der Sprache und der Kultur zeigen	▪ Als Elternteil alle Sprachen als gleichwertig betrachten und leben ▪ Die Facetten der Sprachen und Kulturen aufzeigen ▪ Als Außenstehende die Sprache als gleichwertig betrachten, Interesse an der Sprache und der Kultur zeigen, die Elemente der Sprache in der Interaktion berücksichtigen	▪ Hemmungen zeigen, die Sprache außer halb des gewohnten Kontexts zu sprechen ▪ Eine Hierarchie der Sprachen (auch unbewusst) erstellen, in der die eine höherwertiger dargestellt wird als die andere
Sprachliche Anregungen im Alltag anbieten	▪ Objekte, Handlungen und Situationen des alltäglichen Lebens kommentieren ▪ Die Äußerungen des Kindes erweitern und ergänzen ▪ Fragen stellen	▪ Objekte, Handlungen und Situationen des alltäglichen Lebens unkommentiert lassen

Was muss ich beachten?		DO´s	DON´Ts
?	Nachfragen, um Verständnis sicherzustellen	▪ Offene Fragen stellen ▪ Bei längeren Sätzen, Aufforderungen oder neuen Wörtern nach deren Bedeutung fragen	▪ Das Kind mit der Sprache überrollen, ohne zu sichern, ob und wie viel vom Sprachangebot angekommen ist ▪ Geschlossene (ja/nein) Fragen stellen
	Visuelle Unterstützung anbieten	▪ Den sprachlichen Input durch Bilder oder Schriftsprache unterstützen	▪ Den sprachlichen Input nur durch das Sprechen und nur abstrakt anbieten
	Lieder und Reime in allen Sprachen nutzen	▪ Lieder und Reime beim gleichzeitigen Spracherwerb von Anfang an in allen Sprachen anbieten ▪ Beim sukzessiven Spracherwerb (nacheinander) Lieder und Reime in den weiteren Sprachen auch im Kindergarten anbieten und dadurch die Wertschätzung der Sprachen zeigen	▪ Keine Lieder, Reime, rhythmisches Sprechen oder Lieder und Reime nur in einer Sprache nutzen

Abb. 4: Grundsätze der Sprachförderung

Wie gehe ich am besten vor?

Strategien und Techniken der Sprachförderung

Wie schafft man eine sprachanregende Atmosphäre, ohne permanent auf das Kind einzureden und dadurch eine sprachliche Überstimulation oder sogar die Sprachverweigerung zu riskieren? Sprachanregende Situationen lassen sich dadurch schaffen, indem Sie Ihrem Kind Möglichkeiten zum Gespräch anbieten. Dies gelingt besonders gut, wenn das Thema und die Situation an die Lebenswelt Ihres Kindes angepasst sind. Die (sprachlichen) Aktivitäten soll Ihr Kind als offene Angebote verstehen. Reagieren Sie flexibel darauf, wenn Ihr Kind das Thema wechseln möchte oder sich sein Interessenfokus ändert.
Das gemeinsame Betrachten von Bilderbüchern bietet eine gute Möglichkeit zum Gespräch. Auch Rollenspiele eröffnen eine sprachanregende Atmosphäre. Je nach Alter des Kindes können spielerische Erfahrungen mit Schreiben auch eine gute Möglichkeit sein, um die Sprache anzuregen.

Um Ihrem Kind einen optimalen Zugang zur Sprache zu ermöglichen, muss sich das Sprachangebot am natürlichen Verlauf des Spracherwerbs orientieren. Im vorherigen Kapitel haben wir die typischen Merkmale der Sprachentwicklung bei Mehrsprachigkeit besprochen. Darunter auch den verspäteten Sprachbeginn. Unter der Annahme, dass der Sprachbeginn bei mehrsprachigen Kindern erst im 14. bis 16. Lebensmonat eintritt, können einige Empfehlungen formuliert werden. Dabei gilt es, konsequent in der eigenen Sprache zu bleiben und die Sprachen auf keinen Fall zu vermischen!

Wie kann ich mein Kind während seiner Sprachentwicklung unterstützen?

<table>
<tr><th>Grundzüge der Sprachentwicklung</th><th>Wie kann ich die Sprache fördern?</th></tr>
<tr><td colspan="2">bis zum 16. Lebensmonat</td></tr>
<tr><td>Sprachverständnis:
Das Kind reagiert auf seinen Namen und versteht etwa 60 Wörter und einfache Anweisungen wie „Komm her!"

Sprachverwendung:
Das Kind verwendet erste Gesten zur Kommunikation, wie etwa Winken. Es folgt der Blickrichtung des Gesprächspartners und folgt der Zeigegeste.

Sprachproduktion:
Die produzierten Laute ähneln den Lauten der angebotenen Sprachen. Das Kind lallt in längeren Sequenzen, verdoppelt dabei die Silben, um daraus Wörter zu bilden (baba → Ball). Es beginnt erste Versuche Wörter zu produzieren, indem es versucht, das Gehörte nachzusprechen.</td><td>Wie spreche ich zu meinem Kind?
Baby Talk oder auch Infant-directed speech oder Ammensprache genannt.
Dieser natürlich vereinfachte Sprechstil (einfache Sätze, längere Pausen, übertriebene Betonung und Satzmelodie) wirkt in dieser Lebensphase sprachfördernd. Darüber hinaus gilt es diese Sprechweise zu vermeiden.

Was kann ich machen?
▪ Blickkontakt aufnehmen und halten
▪ Gemeinsamen Aufmerksamkeitsfokus herstellen
▪ Das Kind zum Imitieren anregen
▪ Die Kommunikation durch melodisches Sprechen und Singen anregen
▪ Fingerspiele nutzen, um die lautliche Kommunikation zu begleiten und zu unterstützen
▪ Einfache sprachliche Äußerungen nutzen, um die Kommunikation anzuregen
▪ Die Sprachen nicht vermischen und konsequent in einer Sprache bleiben!

Lassen Sie das Kind die Welt hören, spüren und tasten!</td></tr>
</table>

Grundzüge der Sprachentwicklung	Wie kann ich die Sprache fördern?

bis zum 28. Lebensmonat

Sprachverständnis:

Das Kind kann zwischen einem richtig und falsch gesprochenen Wort unterscheiden und das Wort der jeweiligen Sprache zuordnen. Es versteht bis zu 200 Wörter, kann auf benannte Körperteile, Dinge und Personen zeigen. Es versteht einfache Aufträge im Alltag.

Sprachverwendung:

Das Kind orientiert sich mehr an der Bedeutung der Wörter (im Vergleich zu den lautlichen Aspekten der Sprache in der vorherigen Phase), verwendet Gesten, spielt allein, kommentiert seine Handlungen und zeigt Interesse an erzählten und vorgelesenen Geschichten.

Sprachproduktion:

Das Kind produziert bis zu 200 Wörter. Hier werden die Wörter in allen Sprachen insgesamt gezählt. Es werden erste Verben wie machen, malen produziert und Ein- bis Zweiwortsätze wie etwa: „Tür auf" „Felix malen" gebaut.

Wie spreche ich zu meinem Kind?

Stützende Sprache oder auch Scaffolding genannt.
Dieser Sprechstil (Benennspiele, Einsatz von Zeigegesten, um sich auf ein bestimmtes Objekt zu konzentrieren) erleichtert dem Kind den Erwerb neuer Wörter und ermöglicht ihm, einen einfachen Dialog zu führen.

Was kann ich machen?

- Gemeinsamen Aufmerksamkeitsfokus herstellen, indem man z. B. auf ein Objekt zeigt
- Singen, Kniereiterspiele und Reime nutzen, um dem Kind eine Routine anzubieten, an der es sich sprachlich beteiligen kann
- Gemeinsam Bilderbücher anschauen und dabei einen Dialog führen
- Alltagsroutinen benennen und beschreiben, eigenes Handeln kommentieren
- Selbst deutlich, klar, betont und nicht zu schnell sprechen!
- Einfache Dialoge mit dem Kind führen
- Nicht die Sprachen vermischen und konsequent in einer Sprache bleiben!
- Vermischt das Kind die Sprachen, das vom Kind Gesagte in der korrekten Variante in der aktuell gesprochenen Sprache wiederholen (s. u. korrektives Feedback)!

**Der Schwerpunkt der Sprachentwicklung liegt hier im Wortschatz!
In keiner weiteren Lebensphase lernt ein Mensch so viele neue Wörter wie zwischen dem 2. und dem 3. Lebensjahr!
Bleiben Sie beim Sprechen konsequent in einer Sprache und mischen Sie die Sprachen nicht!**

Grundzüge der Sprachentwicklung	Wie kann ich die Sprache fördern?
bis zum 40. Lebensmonat	
Sprachverständnis: Das Kind versteht kleinere Geschichten und komplexere Aufträge, die bis zu drei Informationen enthalten, wie etwa: „Hole den Wagen und die Puppe und lege sie hinein." Es werden immer mehr abstrakte Begriffe verstanden, so auch die Grundfarben oder erste Präpositionen. **Sprachproduktion:** Je nach Lautinventar der beteiligten Sprachen vervollständigt sich die Lautproduktion. Es werden erste Konsonantenverbindungen wie etwa „fl" gebildet. Schwierigere Lautverbindungen werden noch vereinfacht und durch einfachere ersetzt, wie etwa „fr" durch „fl". Kinder können nach dem 30. Lebensmonat etwa 450 Wörter produzieren (in allen Sprachen zusammengezählt). Der Wortschatz beinhaltet neben den konkreten Substantiven auch Adjektive (darunter Farben), Pronomen (es werden Personen sprachlich bezeichnet) und Präpositionen. Die Kinder werden sich der einzelnen Wortformen bewusst, so sind sie in der Lage, die Einzelwörter etwa in Kinderliedern einzusetzen. Am meisten entwickelt sich in diesem Alter die Grammatik. Es werden erste Fragen durch die Umstellung im Satz formuliert, der Satzbau wird richtig, die Verben können in mehreren Personen richtig konjungiert werden – neben der dritten und der ersten Person auch in der zweiten Person.	**Wie spreche ich zu meinem Kind?** Erweiternde, lehrende und modellierende Sprache. Dieser Sprechstil erleichtert dem Kind den Erwerb des Satzbaus und der grammatikalischen Regeln, indem die Eltern das vom Kind Gesagte erweitern. Dies kann z. B. durch eine Korrektur, grammatikalische Vervollständigung oder Hinzufügung weiterer Inhaltsinformationen sein. **Was kann ich machen?** ▪ Einfache Frage- und Antwortspiele mit dem Kind spielen ▪ Das Kind eigene Erlebnisse erzählen lassen, im Laufe des Gesprächs ergänzen, erweitern und korrigieren ▪ Eigene Handlungen kommentieren. Dabei konsequent in einer Sprache bleiben, keine Sprachmischungen zulassen und die Satzstrukturen variieren ▪ Fragen stellen und dadurch das Sprachverständnis für grammatikalische Strukturen (z. B. Präpositionen) und die Sprachproduktion fördern **Der Schwerpunkt der Sprachentwicklung liegt in dieser Phase in der Grammatik! In dieser Phase können bei mehrsprachig aufwachsenden Kindern viele sprachliche Interferenzen (s. o. für die Definition) auftauchen. Der Grund dafür ist die Auseinandersetzung mit mehreren Grammatiken. Mit den Modellierungstechniken (s. u.) können Sie die Sprache stimulieren und somit Ihrem Kind den Grammatikerwerb erleichtern.**

Sprache stimulieren

Um etwas spezifischer vorzugehen, können im Alltag bestimmte Techniken auch gezielt eingesetzt werden. Man bezeichnet sie als Modellierungstechniken. Mit diesen kann man die Sprache des Kindes stimulieren, bevor es spricht, oder seine sprachlichen Äußerungen im Nachhinein verbessern oder ergänzen.
Die Modellierungstechniken lassen sich sehr gut in den mehrsprachigen Alltag integrieren und bei typischen Merkmalen mehrsprachiger Kinder – wie sprachliche Interferenzen oder Sprachmischungen – gut einsetzen.

Sprechen Sie, bevor Ihr Kind spricht!

Techniken *vor* der Äußerung des Kindes

Die sogenannten Techniken, die der kindlichen Äußerung vorausgehen, sind einfache, modellhafte sprachliche Äußerungen, die von den Erwachsenen oder von anderen Kindern kommen und einen Impuls bieten. Es können ein Satzanfang, ein Wortanfang oder Schlüsselwörter sein, die angeboten werden. Es kann auch eine richtig gestellte Frage sein, die die Sprache Ihres Kindes anregt.

- Sagen Sie, was Sie tun! – Self-talking

Das Self-talking bezeichnet eine Strategie, die einfaches Versprachlichen der Situation bedeutet. Sie können Ihr eigenes Verhalten und das Verhalten Ihres Kindes beschreiben oder auf das Geschehen in der Gesamtsituation eingehen.

Beispiel: Mama steht in der Küche und packt das Essen für den Ausflug zum See ein. Der 2,5 Jahre alte Filip sitzt am Küchentisch und kramt in seinem Rucksack. Dabei kommentiert sie: *„Ich schließe die Dosen, wenn das Essen etwas abgekühlt ist. Wir brauchen noch etwas zum Trinken. Ach, deine Trinkflasche steckt noch in deinem Rucksack! Ich packe uns noch etwas Obst ein. Äpfel und Bananen."*

In dieser einfachen Alltagssituation gelingt es sehr gut, dem Kind viel sprachliches Material anzubieten. Die Sprache ist konkret, da sie sich auf das aktuelle Geschehen und auf die Gegenstände, die präsent sind, bezieht. Filip bekommt sprachlichen Input zum Satzbau und zu richtigen Formen der Verben (Ich-Form). Das hilft ihm, auch seinen Wortschatz zu erweitern und zu festigen.

Auch wenn es auf den ersten Blick den Anschein hat, dass er gerade sehr mit dem Inhalt seines Rucksacks beschäftigt ist, nimmt er die Sprache der Mutter wahr und wird die Information zu einem späteren Zeitpunkt verwerten, indem er seine eigene Tätigkeit genauso zu kommentieren versucht, um das neu Gelernte dadurch zu „üben".

▪ Wiederholen Sie, was Ihr Kind lernen soll! – Präsentation

Die Technik der Präsentation dient dazu, einen bestimmten sprachlichen Inhalt intensiver darzubieten. Intensiv bedeutet hier, das gehäufte Verwenden einer bestimmten grammatikalischen Struktur, zum Beispiel die Vergangenheitsform, oder eines neuen Wortes oder einer Bezeichnung. Dies soll immer passend zur aktuellen Situation sein.

Beispiel: Filip schaut sich das Buch mit der kleinen Raupe Nimmersatt an. Seine Mama kommentiert: *„Was hat die kleine Raupe gemacht? Sie hat auf dem Blatt geschlafen! Und dann? Dann ist sie aufgewacht. Was hat sie gegessen?"*
Filip: *„Apfel!"*
Mama: *„Sie hat einen Apfel gegessen. Was hat sie dann gegessen?"*
Filip: *„Birnen!"*
Mama: *„Sie hat zwei Birnen gegessen! Was hat sie noch gegessen?"*
Filip: *„Pflaumen!"*
Mama: *„Sie hat drei Pflaumen gegessen! Und was hast du bei Oma und Opa gegessen? Weißt du das noch? Wir haben auch Pflaumen gegessen!"*

Filip bekommt in einer natürlichen Situation die richtige grammatikalische Form („gegessen") immer wieder präsentiert, ohne dass es unpassend oder aufgezwungen wirkt. Dies erleichtert ihm das Erlernen und Festigen der korrekten Vergangenheitsformen.

▪ Sagen Sie, was Ihr Kind tut! – Parallel-talking

Mit dem sogenannten Parallel-talking bieten Sie Ihrem Kind das sprachliche Material, um seine Gefühle, Bedürfnisse oder Vorlieben zu äußern. Bezogen auf die aktuelle Situation und die Tätigkeit des Kindes wird bei dieser Technik vom Erwachsenen versprachlicht, was wohl im Inneren des Kindes gerade vorgeht.

Beispiel: Filip spielt mit seinen Fahrzeugen auf dem Boden im Wohnzimmer. Manche fahren schneller, manche langsamer. Nun will er voller Begeisterung der Mama, die in der Küche sitzt, zeigen, was in der Spielstraße gerade passiert. Er steht auf und rennt Richtung Küche los. Dabei rutscht er aus und fällt gegen die Türkante. →

Seine Mama kommentiert: *„Du bist so schnell aufgestanden, dass du ausgerutscht bist. Dabei hast du die Tür gar nicht bemerkt! Du bist so schnell gelaufen, fast so schnell wie deine Autos … sodass du nicht mehr bremsen konntest. Jetzt hast du einen kleinen Unfall gehabt. Tut das weh? Zeig mal …"*

Durch das Parallel-talking bekommt Filip sprachliche Mittel angeboten, die er selbst noch nicht kennt oder noch nicht vollständig erworben hat – und das bezogen auf eine konkrete Situation, die er gerade erlebt. Das erleichtert ihm beim nächsten Mal eine ähnliche Situation selbst sprachlich zu begleiten oder das Erlebte besser zu beschreiben.

■ Verdeutlichen Sie! – Linguistische Markierung

Bei der linguistischen Markierung geht es darum, ein bestimmtes Merkmal, wie etwa den Artikel, die Ein- oder Mehrzahl oder eine unregelmäßige Wortform, zu verdeutlichen. Während des Sprechens wird es hervorgehoben, indem es deutlich und betont ausgesprochen wird.

Beispiel:

Filip: *„Die Auto!"*

Mama: *„Da ist **das** Auto. Ich sehe **das** grüne Auto. **Das** fährt! Sind auf der anderen Seite auch noch Autos?"*

Filip: *„Nein!"*

Mama: *„Da ist **kein** Auto! Aber schau! Hier ist noch **ein** Auto!"*

Linguistische Markierung ermöglicht dem Kind, die Elemente der Sprache richtig abzuspeichern. Sie kann bei den Sprachmischungen sehr gut eingesetzt werden, wenn Kinder Wörter einer anderen Sprache in die aktuell gesprochene Sprache einfügen.

Beispiel:

Mama: *„Was gehört noch zu Obst?"*

Eli: *„… ehm… cerise!"*

Mama: *„Die Kirsche! Ja die Kirschen sind auch Obst."*

Eli: *„Kirschen"*

■ Stellen Sie Fragen! – Fragen richtig stellen

Richtig gestellte Fragen unterstützen Ihr Kind bei seinen sprachlichen Äußerungen. Offene Fragen und W-Fragen (wer, wie, was) ermöglichen dem Kind eine längere Äußerung und einen vollständigen Satz zu bilden, anstatt nur ein „Ja" oder ein „Nein" zu antworten.

Beispiel:
Was glaubst du, warum weint der Junge?

Alternativfragen beinhalten in sich bereits eine Hilfestellung und unterstützen somit das Kind, eine Antwort zu bilden.

Beispiel:
Wohin fährt der Bus? Zur Oma oder zum Kindergarten?

Bei den Alternativfragen kann man auch zwei sprachliche Auswahlmöglichkeiten anbieten. Es können zwei grammatikalische Formen sein oder zwei Möglichkeiten, ein Wort richtig auszusprechen. Dabei ist nur eine Möglichkeit richtig.

Beispiel:
„Liegt das Buch im Tisch oder auf dem Tisch?" „Heißt es eine Snecke oder heißt es eine Schnecke?"

Auf diese Weise lässt sich auch das flexible Umschalten des Kindes zwischen den Sprachen fördern, indem man als Alternative zwei Begriffe aus den jeweiligen Sprachen anbietet. Dabei soll das Kind entscheiden, welche Alternative für die jeweilige Sprache die richtige ist.

Beispiel:
„Was sagt die Mama dazu? Shoes? Oder die Schuhe?"

Sprechen Sie, nachdem Ihr Kind gesprochen hat!

Techniken *nach* der Äußerung des Kindes

Die Sprache können Sie auch sehr gut fördern, nachdem das Kind gesprochen hat. Das lässt sich mit Äußerungen machen, mit denen Sie die kindliche Äußerung bestätigen, erweitern, umformulieren oder korrigieren.

■ Vervollständigen Sie! – Expansion – Vervollständigung

Die noch zu kurzen Sätze des Kindes, oder Sätze, in denen noch Satzteile fehlen, lassen sich verlängern, indem Sie die fehlenden Teile ergänzen und somit die Äußerung Ihres Kindes vervollständigen. Je nach Alter und Entwicklungsstufe können die Sätze entsprechend verlängert werden. Dabei kann es eine inhaltliche Vervollständigung oder eine grammatische Ergänzung sein.

Beispiel:

Marina: *„Dada weg."*

Mama: *„Ja, David ist weggegangen. Er ist mit dem Papa gegangen."*

Durch die Expansion zeigen Sie Ihrem Kind weitere sprachliche Möglichkeiten, die sich auf die aktuelle Situation beziehen. Seine Äußerung wird dadurch „bereichert" und erleichtert ihm die Sprache künftig zu nutzen.

■ Erzählen Sie weiter! – Extension – Weiterführung

Sie können die Äußerungen Ihres Kindes nicht nur vervollständigen, sondern auch sachlogisch weiterführen. Dabei können bestimmte sprachliche Merkmale gezielt eingesetzt werden. Sie knüpfen an die Äußerungen Ihres Kindes an und führen diese auf inhaltlicher Ebene weiter. Diese Technik wird als Extension bezeichnet. Sie ermöglicht Ihrem Kind logische Zusammenhänge aufzubauen und zu stärken.

Beispiel:

Marina: *„Kekse fertig?"*

Mama: *„Ja, die Kekse sind fertig gebacken. Sie müssen noch abkühlen. Dann können wir probieren, wie sie schmecken."*

■ Verändern Sie! – Umformungen

Um Ihrem Kind die verschiedenen grammatischen Formen zu präsentieren, können Sie seine Äußerung umändern. Die Umformung kann man sehr gut bei unregelmäßigen grammatischen Formen einsetzen. Dabei wird das vom Kind Gesagte in einer veränderten grammatischen Form wiedergegeben. Diese Technik ist besonders hilfreich, wenn mehrsprachige Kinder in ihrer Grammatik noch unsicher sind.

Beispiel:

Filip: *„Ich springe!"*
Mama: *„Du springst! Ich springe nicht!"*

■ Korrigieren Sie! – Korrektives Feedback

Die fehlerhaften Äußerungen des Kindes werden mit korrektivem Feedback in einer berichtigten Form wiedergegeben. Das können einzelne Wörter sein, wenn es zum Beispiel zu Sprachmischungen zwischen den Sprachen kommt. Es kann aber auch der Satzbau oder die Wortwahl sein, die „korrigiert" werden. Das korrektive Feedback muss positiv und bestätigend wirken und soll auf keinen Fall belehrend oder auffordernd sein. Das Kind soll für seine Fehler nicht kritisiert werden.

Beispiel:

Mama: *„Wo ist der Papa hin?"*
Filip: *„Sie geht zum Bad."*
Mama: *„Ja, er geht ins Bad!"*

Die Modellierungstechniken sind im Alltag einfach einsetzbare Mittel, die es Ihrem Kind erleichtern, seine Sprachentwicklung zu meistern. Viele Eltern tendieren bereits intuitiv dazu, sich der sprachlichen Situation des Kindes anzupassen und auf seine sprachlichen Äußerungen einzugehen. Mit einfachen Veränderungen können Sie die Sprache Ihres Kindes gezielt unterstützen.

| Bücher, Bücher, Bücher!

Sprachförderung mit Kinderbüchern

Das Anschauen und Vorlesen von Büchern macht den Kindern nicht nur Spaß, es fördert auch die Sprachentwicklung. Die Untersuchungen bei ein- und mehrsprachig aufwachsenden Kindern zeigen, dass der Wortschatz der Kinder schnell wächst, wenn sie einen erhöhten sprachlichen Input bekommen. Das Vorlesen geeigneter Bücher bietet eine gute Möglichkeit, um dem Kind neue Welten sprachlich näher zu bringen. Beim Vorlesen tauchen Kinder durch das Zuhören in die Geschichten ein, ihre Fantasie wird angeregt, der Wortschatz erweitert und die Grammatikentwicklung gefördert. Durch die gemeinsame Betrachtung von Bilderbüchern entsteht mit dem Kind ein Dialog. Dies stärkt nicht nur die Beziehung, sondern auch das Sprachverständnis und fördert die Sprachproduktion.

Vorlesen ist nicht gleich Vorlesen – Führen Sie mit dem Kind einen Dialog!

- Sprechen Sie langsam und deutlich!
- Begleiten Sie Ihre Äußerungen durch Mimik und Gestik!
- Wiederholen und führen Sie weiter, was das Kind gesagt hat!
- Lassen Sie Ihrem Kind Zeit! Warten Sie, was es sagen möchte, lassen Sie es entscheiden, was es erzählen möchte!
- Hören Sie Ihrem Kind aufmerksam und interessiert zu!
- Richten Sie die gemeinsame Aufmerksamkeit auf das Buch. Lassen Sie Ihr Kind führen und greifen Sie seine Äußerungen auf!
- Führen Sie das Betrachten von Bilderbüchern als festes Ritual ein!
- Wählen Sie das geeignete Buch entsprechend dem Alter und der Sprachentwicklungsstufe aus!
- Berücksichtigen Sie bei der Wahl des Buches die Interessen Ihres Kindes!
- Suchen Sie sich eine ruhige Umgebung ohne Störungen, um sich gemeinsam dem Buch zu widmen (kein Smartphone, keinen Schnuller)!
- Begeben Sie sich auf die Höhe Ihres Kindes!
- Wenden Sie sich Ihrem Kind direkt zu! Halten Sie dabei den Blickkontakt mit dem Kind aufrecht!

Abb. 5: Grundsätze der Sprachförderung mit Bilderbüchern

Sprachförderung mit Büchern bei Ein- bis Dreijährigen

Der Schwerpunkt der Sprachförderung liegt im Wortschatz!

Wie sollen die Kinderbücher für dieses Alter aussehen?

- Bücher ohne Text, hell und farbig gestaltet
- Bücher mit wenigen kurzen sich wiederholenden Sätzen
- Liederbücher und Reimbücher
- Bücher mit Sing-, Fingerspielen und sonstigen Bewegungsspielen
- Bücher, die sich anfassen lassen – Tast- und Fühlbücher mit unterschiedlichen Materialien

Wie kann ich die Sprache in diesem Alter mit Büchern fördern?

- Bauen Sie Blickkontakt auf und begeben Sie sich auf die Augenhöhe Ihres Kindes
- Stellen Sie den gemeinsamen Aufmerksamkeitsfokus her
- Sprechen Sie langsam, aber natürlich
- Bauen Sie in Ihre Sprache Lautmalereien und Geräusche ein, wie etwa Tier-, Fahrzeug- oder Werkzeuggeräusche
- Beziehen Sie Mimik und Gestik mit ein
- Stellen Sie einfache Ja-/Nein-Fragen bezogen auf das, was man gerade betrachtet, wie etwa: *„Fährt das Mädchen Fahrrad?"*
- Stellen Sie W-Fragen, wie etwa: *„Was macht der Hund?" „Wo ist der Junge?"*
- Greifen Sie die Äußerungen des Kindes auf, vervollständigen, korrigieren und ergänzen Sie
- Lassen Sie das Kind führen und reagieren Sie auf die von ihm ausgesuchten Inhalte
- Gehen Sie auf die Bezeichnungen der Objekte in der anderen Sprache ein, wenn das Kind dies möchte
- Machen Sie deutlich, welcher Sprache das Wort zugehört: *„Papa sagt ‚la table' dazu" „Im Kindergarten sagt ihr ‚der Tisch', stimmt's?"*
- Fördern Sie die Fähigkeit des Kindes, zwischen den Sprachen umzuschalten, indem Sie ihn nach der entsprechenden Bezeichnung fragen: *„Weißt du, wie der Papa dazu sagt?" „Und wie nennt das (die Erzieherin) Rita?"*

Sprachförderung mit Büchern bei Drei- bis Vierjährigen

Der Schwerpunkt der Sprachförderung liegt in der Grammatik!

Wie sollen die Kinderbücher für dieses Alter aussehen?

- Textfreie Bilderbücher mit bunten Bildern
- Bücher mit einfachen kurzen Geschichten und dazu gut dargestellten Bildern
- Spielbilderbücher, wie etwa Pop-up-Bücher mit aufklappbaren Szenen oder Aufstell-Bilderbücher
- Aktionsbücher und Wimmelbücher, wie etwa das Wimmelbuch „Sachen suchen"
- Liederbücher und Reimbücher

Wie kann ich die Sprache in diesem Alter mit Büchern fördern?

- Bauen Sie Blickkontakt auf und begeben Sie sich auf die Augenhöhe Ihres Kindes
- Stellen Sie den gemeinsamen Aufmerksamkeitsfokus her
- Sprechen Sie langsam, aber natürlich
- Beziehen Sie Mimik und Gestik mit ein
- Stellen Sie W-Fragen, die mehr als eine Ein-Wort-Antwort erfordern, wie etwa: *„Was passierte mit dem Kätzchen?"*
- Stellen Sie Fragen, die zum Erzählen anregen, wie etwa: *„Warum weint der Junge?"*
- Erteilen Sie kleine Aufträge, wie etwa: *„Wo findest du die Ente?"* oder: *„Wo versteckt sich der Hund?"*
- Gehen Sie auf die Bezeichnungen der Objekte oder der Situationen in der anderen Sprache ein, wenn Ihr Kind dies möchte
- Machen Sie deutlich, welcher Sprache das Wort zugehört (s. o.)
- Fördern Sie die Fähigkeit des Kindes, zwischen den Sprachen umzuschalten, indem Sie es nach der entsprechenden Bezeichnung fragen (s. o.)

Sprachförderung mit Büchern bei Vier- bis Sechsjährigen

Wie sollen die Kinderbücher für dieses Alter aussehen?

- Bücher mit längeren Texten und Geschichten und dazu gut dargestellten Bildern
- Liederbücher und Reimbücher
- Spielbilderbücher, Aktionsbücher und Wimmelbücher

Wie kann ich die Sprache in diesem Alter mit Büchern fördern?

- Lassen Sie Ihr Kind erzählen, was es sieht
- Fordern Sie Ihr Kind zum Beschreiben auf, wie etwa: *„Was siehst du hier, was passiert gerade?"*
- Lesen Sie eine Textstelle vor und lassen Sie das Kind nacherzählen, was vorgelesen wurde
- Stellen Sie Entscheidungsfragen, um die Sprache anzuregen, wie etwa: *„Was denkst du, was passiert dann?"*
- Erfinden Sie gemeinsam, wie die Geschichte weiter gehen soll
- Stellen Sie komplexere W-Fragen, wie etwa: *„Warum hat der Bär wohl so ein dickes Fell?"*
- Stellen Sie zur Geschichte kleine Aufgaben und erteilen Sie kleine Aufträge
- Stellen Sie einen Bezug zum Alltag her, wie etwa: *„Weißt du noch, als wir das letzte Mal im Zoo waren? Welche Vögel hast du da noch gesehen?"*

Förderung der Mehrsprachigkeit mit Büchern im Schulalter

Auch im Schulalter lassen sich Bücher als ein effizientes Mittel zur Sprachförderung einsetzen. Durch das Lesen und Schreiben entdecken mehrsprachige Kinder weitere Facetten der Sprachen.

Kinder möchten Wörter aus allen Sprachen, die sie kennen, lesen und schreiben können. Für den Anfang sind kurze, einfache Wörter ohne Besonderheiten in der Rechtschreibung am besten geeignet. Kinder können Namen schreiben, Bilder beschriften oder Wörter zu einem Bild suchen. Dies lässt sich in mehreren Sprachen machen und stärkt das Sprachbewusstsein der Kinder.
Später, wenn Kinder ganze Sätze schreiben können, können sie fehlende Wörter in Sätzen ergänzen, Wörter zu Sätzen zusammenbauen oder eigenständig kurze Sätze aufschreiben. Möglich ist eine kurze Beschreibung eines Bildes oder eine Mini-Geschichte. Um das flexible Umschalten zwischen den Sprachen zu verbessern, können Sätze in den beiden (allen) Sprachen geschrieben werden. Achten Sie jedoch darauf, dass innerhalb eines Satzes die Sprachen auf keinen Fall vermischt werden!

Aus den geschriebenen Sätzen können Kinder eine Geschichte zusammenbauen, eine kurze Geschichte zu einem Bild schreiben oder sich eine Geschichte eigenständig ausdenken und aufschreiben. Dies kann man in einer oder in mehreren Sprachen machen. Die Geschichten können sie dann zwischen den Sprachen vergleichen und dadurch ihre Sprachwahrnehmung verbessern.

Um die Lesemotivation der Kinder zu stärken, sollen Bücher aus dem Interessengebiet der Kinder gewählt werden. Manche Lieblingsbücher lassen sich auch in mehreren Sprachen finden. So können Kinder ihre Lieblingsgeschichte in allen Sprachen lesen und dadurch nicht nur ihre Sprachkompetenz, sondern auch die Wertschätzung der Sprache und der Kultur stärken.

Um den Kindern das Leseverständnis zu erleichtern, können unbekannte Wörter im Text gemeinsam erklärt und besprochen werden. Dabei kann man nach den Äquivalenten in den jeweiligen Sprachen suchen. Dies hilft den mehrsprachigen Kindern zwischen den Sprachen flexibler umzuschalten und ihren Wortschatz und die Wortbedeutung zu verbessern. Nach dem Lesen können Fragen zum Inhalt gestellt werden oder die Geschichte mit der Lebenswelt der Kinder verknüpft werden. Je nach Alter des Kindes können es Fragen sein, auf die eine Antwort im Text zu finden ist, oder komplexere Fragen, für die Kinder Zusammenhänge im Text erkennen müssen.

Damit Kinder mehr Sprachgefühl entwickeln, kann man als Erwachsene Teile der Geschichte oder die ganze Geschichte vorlesen. Dies ist vor allem bei mehrsprachigen Kindern hilfreich, die in der (jeweiligen) Schriftsprache noch nicht sicher sind. Sie bekommen dadurch ein Sprachvorbild und ihre Motivation für die Sprache und für das Lesen wird gestärkt.

Mehrsprachige Bücher

Um die Auswahl der geeigneten zwei- oder mehrsprachig konzipierten Bilder- und Kinderbücher zu erleichtern, dient die folgende Zusammenstellung der Verlage. Bei vielen findet man neben den mehrsprachigen Print-Büchern auch Hörbücher oder E-Books in zahlreichen Sprachen und Sprachenkombinationen.

Verlag	Was findet man da?
International Children's Digital Library http://www.icdlbooks.org/	▪ digitale Sammlung von Büchern in mehreren Sprachen und Sprachkombinationen für Kinder zwischen 3 und 13 Jahren, die online kostenfrei genutzt werden können
Alkutub https://www.arabischesbuch.de/	▪ einsprachige arabische Kinderbücher, Unterrichtsmaterialien und Hörbücher ▪ zweisprachige Kinderbücher in Arabisch-Englisch und Arabisch-Deutsch
Amiguitos https://www.amiguitos.de/	▪ mehrsprachige Bücher in zahlreichen Sprachen ▪ pädagogisches Material ▪ mehrsprachige Sprachlernspiele ▪ einsprachige spanische Bücher
Anadolu Verlag http://www.anadolu-verlag.de	▪ mehrsprachige Bücher in zahlreichen Sprachen ▪ mehrsprachige Spiele (z. B. Memory) in mehreren Sprachen ▪ türkische Schulbücher ▪ zweisprachige deutsch-türkische Hörbücher

Verlag	Was findet man da?
Baobab Books https://www.baobabbooks.ch/	▪ mehrsprachige Bücher in mehreren Sprachen ▪ Unterrichtsmaterialien zum Thema Interkulturalität im Klassenzimmer ▪ digitale Bildstorys – Bilderbücher als E-Books
Éditions Bernest https://www.bernest.at/	▪ französische und zweisprachige Bücher in Französisch-Deutsch für Kinder zwischen 3 und 5 Jahren
Edition bi:libri https://www.edition-bilibri.com/	▪ mehrsprachige Bücher in zahlreichen Sprachen mit guter Suchfunktion nach Alter und Sprache ▪ Anregungen zum Nutzen der mehrsprachigen Bücher und Kopiervorlagen für Kitas und Schulen
Das schlaue Schaf Verlag https://shop.dasschlaueschaf.de/	▪ kleineres Angebot an zweisprachigen Kinderbüchern ▪ Unterrichtsmaterialien
Edition Orient https://www.edition-orient.de/	▪ ein- und mehrsprachige Kinderbücher und Bücher für ältere Kinder vorwiegend aus dem arabischen, persischen und türkischen Kulturraum

Verlag	Was findet man da?
Edition Lingua Mundi http://www.edition-lingua-mundi.com/	▪ kleineres Angebot an mehrsprachigen Büchern für Kinder ab etwa 5 Jahren in mehreren Sprachen
Hochfeld Verlag https://www.hochfeld-verlag.de/	▪ zweisprachige Kinderbücher in den Sprachkombinationen Deutsch und: · Englisch, · Französisch, · Spanisch, · Italienisch, · Russisch, · Türkisch
BiLi Reihe des Olms Verlags http://www.olms.de/	▪ Reihe: BiLi – Zweisprachige Sachgeschichten für Kinder ▪ mehrsprachige Geschichten für Kinder ab etwa 5 Jahren in mehreren Sprachen
Bilingus http://www.bilingus.de/	▪ zweisprachige Bücher in Deutsch-Türkisch für Kinder zwischen 2 und 10 Jahren
Mantralingua http://www.mantralingua.com/	▪ mehrsprachige Bücher ▪ Bücher mit sprechendem Stift ▪ Soundmatten mit sprechendem Stift für Kitas ▪ Web Applikationen für Kitas ▪ mehrsprachige E-Books

Verlag	Was findet man da?
Minedition http://www.minedition.com/	▪ DVD-Bilderbücher mit der Wahl von vier Sprachen: Deutsch, Englisch, Französisch, Türkisch
Önel Verlag https://www.oenel.com/	▪ zweisprachige Kinder- und Schulbücher in Deutsch-Türkisch
SchauHoer Verlag https://schauhoer.buchkatalog.de/	▪ umfangreiches Angebot an mehrsprachigen Bilderbüchern und zweisprachigen Lesebüchern für Kinder in jedem Alter ▪ Literatur zum Thema Mehrsprachigkeit und Interkulturalität
Bilinguale Sektion des Sefa Verlags https://www.childrens-books-bilingual.com/ https://www.sefa-verlag.de/	▪ kleinere Auswahl an Kinderbüchern in großer Sprachauswahl ▪ Hörbücher in verschiedenen Sprachenkombinationen ▪ E-Books mit Audio
Schlauberger Verlag https://www.shop.schlauberger-verlag.de/	▪ kleineres Angebot an zweisprachigen englisch-deutschen Kinderbüchern und Hörbüchern

Verlag	Was findet man da?
Talisa Verlag https://talisa-verlag.com/	▪ mehrsprachige Bücher in zahlreichen Sprachen ▪ Beratungsangebote für Kitas
Tamaki Books https://www.tamakai-books.de/de/	▪ interkulturelle Buchhandlung mit großem Angebot an Büchern in zahlreichen Sprachen ▪ Ratgeber und Bücher zur Mehrsprachigkeit und mehrsprachigen Erziehung
Verlag Tintenfass http://www.verlag-tintenfass.de/	▪ fremdsprachige und mehrsprachige Kinderbücher in den seltenen und bedrohten Sprachen und Dialekten
Viel und mehr Verlag http://www.vielundmehr.de/	▪ Projekte des Vereins zur Förderung der Vielfalt und Mehrsprachigkeit mit illustrierten Büchern ▪ wenige zweisprachige Bücher mit interkultureller Thematik

Edition bi:libri konzipiert in Zusammenarbeit mit weiteren Verlagen, die sich auf mehrsprachige Kinderbücher spezialisiert haben, einmal jährlich eine Broschüre, in der die aktuell publizierten mehrsprachigen Kinderbücher zusammengefasst sind. Für das Jahr 2020 und 2021 finden Sie die Broschüre unter: https://www.edition-bilibri.com/wp-content/uploads/2020/09/Mehrsprachige-Kinderb%C3%BCcher-2020-2021.pdf

Lass uns spielen!

Sprachförderung mit Spielen

Kinder leben und lernen im Spiel. Spielen ist ihre natürliche Umgebung, in der sie am besten lernen. Wie lässt sich die Sprache dabei fördern?

Je nachdem, ob die Kinder die Sprachen gleichzeitig erwerben oder nacheinander – etwa erst im Kindergarten –, können verschiedene Spiele zur Sprachförderung gewählt werden.

Spiele für die Kita und die Schule

Um die Sprache und die Mehrsprachigkeit im Kindergarten- und Schulalltag zu unterstützen, findet man zahlreiche Tipps, Spielideen und Materialien für Erzieher und Lehrer.

Landesregierungen publizieren Materialien, mit denen sich das Sprachbewusstsein und die Wertschätzung der Sprache und der Kultur stärken lassen. Zum Beispiel bietet die von der Bezirksregierung Köln veröffentlichte Publikation „Sprachstark. Gelebte Mehrsprachigkeit" auf mehr als 200 Seiten Zungenbrecher, Lieder, Reime, Bewegungsspiele in 11 Sprachen mit Übersetzungen und Erläuterungen auf Deutsch. Sie ist zu finden unter: www.bezreg-koeln.nrw.de

Wenn man nach konkreten Spielideen für Gruppen sucht, wird man in den folgenden Publikationen fündig:

- „Die 50 besten Spiele für Deutsch als Zweitsprache" von Gabriele Wintermeier
- „100 schnelle Spiele für Deutsch als Zweitsprache: DaZ-Sprachförderung und Integration in Vorschule und Grundschule (1. und 2. Klasse)" von Petra Proßowsky und Gunhild Delitz
- „66 tolle Spiele zum Deutschlernen in der Kita. Anleitungen und Materialien für Deutsch als Zweitsprache und zur Sprachförderung" von Nina Wilkening
- „So funktioniert alltagsintegrierte Sprachbildung" von Susanne Sachse und Gesina Volkmann

Alltagsspiele für zu Hause

Was können Sie als Eltern also tun, um die Sprache und Mehrsprachigkeit zu Hause fördern? Mit einfachen Spielen, von denen man viele bereits kennt, lassen sich die Sprache und die Mehrsprachigkeit mit Spaß unterstützen.

➲ Fingerspiele, Reime, Zungenbrecher

Zu Beginn der Sprachentwicklung – im ersten Lebensjahr – kann man Fingerspiele nutzen, um die lautliche Entwicklung des Kindes zu begleiten. Durch die melodische Sprechweise wird die Kommunikation mit dem Kind angeregt. Dabei interessieren sich Kinder in diesem Alter mehr für die Melodie in der Kombination mit der Bewegung als für den Inhalt. Sie nehmen bereits sehr früh die unterschiedlichen melodischen und rhythmischen Aspekte wahr und ordnen diese den Personen zu. Es ist sehr wichtig, bereits hier die Sprachen nicht zu vermischen. Auch später im Kindergartenalter lassen sich Mitmach-Fingerspiele zur Sprachförderung nutzen. Sie helfen den Kindern, die Sprache in ihren Elementen wahrzunehmen, und fördern in der Kombination mit der Feinmotorik die gesamte Sprachentwicklung. Auf der Seite Kitakram https://kitakram.de/eine-sammlung-klassicher-und-neuer-fingerspiele/ findet man eine gute Sammlung verschiedener Fingerspiele.

Kinder lieben Reime. Spätestens im Vorschulalter sollen sie diese erkennen und nachsprechen können. Sogenannte phonologische Bewusstheit ist die Fähigkeit der Kinder, die Aufmerksamkeit vom Inhalt auf die Form der Sprache zu lenken. Sie ist eine wichtige Voraussetzung, um das Lesen und Schreiben lernen zu können. Reimwörter zu erkennen, zu suchen oder Silben zu klatschen (klopfen, hüpfen, stampfen) hilft den Kindern, die Sprachwahrnehmung zu stärken und besser zwischen den einzelnen Sprachen zu unterscheiden. Reimwörter kann man innerhalb einer Sprache suchen. Manche Kinder mögen es zu experimentieren und erfinden Reime in einer Fantasiesprache oder suchen Reimwörter zwischen den einzelnen Sprachen bei Mehrsprachigkeit. Auf der Seite von Buchstart Hamburg https://buchstart-hamburg.de/kinderreime-international/ findet man verschiedene Kinderreime in 8 Sprachen.

Schulkinder können ihre Sprechmotorik und Aussprache mit Zungenbrechern verbessern. Auf der Seite https://www.heilpaedagogik-info.de/zungenbrecher.html findet man viele Zungenbrecher in 21 Sprachen. Die einfacheren Zungenbrecher können bereits Kinder mit 5 Jahren nachsprechen. Die schwierigeren sind erst für die Schulkinder geeignet. Hier sind einige Beispiele:

Einfache Zungenbrecher	Schwierige Zungenbrecher
▪ Der Packer packt Papppakete. ▪ Ein braver Hai isst Haferbrei. ▪ Nussknacker knacken knackige Kerne.	▪ Schneiders Schere schneidet scharf. Scharf schneidet Schneiders Schere. ▪ Esel essen Nesseln nicht. Nesseln essen Esel nicht! ▪ Fischers Fritze fischt frische Fische; frische Fische fischt Fischers Fritze.

➲ Zählen, Reihenfolgen und Zeitabläufe

Reihenfolgen und zeitliche Abläufe zu erkennen und zu benennen hilft dem Kind, sein Denken mit der Sprache zu verknüpfen. Nur wenn die Kinder in der Lage sind, abstrakt zu denken, können sie später Lesen und Schreiben lernen. Durch einfaches Zählen stärkt sich das abstrakte Denken. Erste Zählversuche unternehmen bereits die Zweijährigen, das richtige Zählen sollte im Laufe des vierten Lebensjahres möglich sein. Lassen Sie Ihr Kind in Ihrer eigenen Sprache zählen, es aber auch in den anderen Sprachen versuchen. Es kann alles gezählt werden – Finger, Bonbons, Autos, Kastanien, Würfelaugen, ... Besprechen Sie mit Ihrem Kind den Tagesablauf, oder lassen Sie sich Erlebnisse in der zeitlichen Abfolge, wie sie passiert sind, erzählen. Wochentage und Monate spielerisch zu üben hilft auch die zeitlichen Abfolgen verständlich zu machen. Dies können Sie in jeder Sprache, die zu Hause gesprochen wird, machen. Wichtig ist: Bleiben Sie konsequent in Ihrer Sprache und vermischen Sie die Sprachen nicht!

Spieltipp:
Rund um den Kalender
© Ravensburger

➲ Wörter suchen, Wörter finden

Wörter schnell und richtig aus dem Gedächtnis abzurufen verbessert den Wortschatz und hilft dem Kind, flexibel mit den Sprachen umzugehen, wie etwa bei Mehrsprachigkeit einfacher zwischen den Sprachen umzuschalten (code switching). Man kann hier auch das bekannte Spiel „Ich sehe was, was du nicht siehst" sehr gut nutzen. Neben der Wortfindung trainieren die Kinder dabei auch das Bilden von sogenannten semantischen Kategorien. Es erleichtert ihnen, ihren Wortschatz in Gruppen zu speichern, wie etwa Obst, Gemüse, Fahrzeuge u. v. m. und sich dabei neue Wörter besser zu merken. Im Alter von 5 Jahren sollten Kinder die Oberbegriffe verwenden können.

Spielideen:

- Legen Sie dem Kind bis zu 7 Gegenstände oder Bildkarten vor (z. B. Apfel, Birne, Kirsche, Pflaume und Käse) und lassen Sie es entscheiden, was nicht dazu gehört und warum.
- Sammeln Sie mit Kindern einige Gegenstände und benennen Sie die Gruppe (die Kategorie – z. B. Spielsachen, Fahrzeuge, Getränke, Bekleidung, Werkzeug, Geschirr, Möbel). Dies lässt sich sehr gut beim Aufräumen umsetzen.

Den Wortabruf kann man auch einfach mit Fragen trainieren. Dabei geht es nicht nur darum, schnell passende Wörter zu nennen, sondern auch möglichst viele zu finden.

Spieltipps:
Dobble
© Asmodee

Zingo
© Thinkfun

Einige Beispiele:

- Was kann man essen?
- Was ist alles rund?
- Was kann man fahren?
- Was schmeckt sauer?
- Was ist alles grün?
- Was ist alles heiß?
- Was kann man anziehen?
- Was rennt alles?

Um das flexible Umschalten zwischen den Sprachen noch mehr zu üben, kann man bei den Gegenständen und den Kategorien nach den Äquivalenten zwischen den jeweiligen Sprachen suchen.

Bei Schulkindern kann man auch das Spiel „Stadt-Land-Fluss" spielen, um die Wortfindung auch beim Schreiben zu verbessern.

Das Benennen der Gegenstände in mehreren Sprachen kann man einfach mit einem Memory Spiel (Aufdeckspiel, Zwillingsbilder) trainieren. Man kann es kaufen oder ganz einfach selbst basteln. Dabei bleibt jeder Spieler seiner Sprache treu und benennt Bilder bei jedem Aufdecken nur in dieser Sprache.

➲ Erzählen und erzählen lassen

Lassen Sie Ihr Kind erzählen! Beispielsweise, wenn Sie sich mit Ihrem Kind gemeinsam ein Buch anschauen oder eine Geschichte ansehen. Stellen Sie Fragen, hören Sie zu und ermutigen Sie Ihr Kind zum Sprechen! Greifen Sie die Lieblingsthemen auf. Sprechen Sie über Eisprinzessinnen, Piraten oder Einhörner! Denken Sie sich gemeinsam Geschichten aus! Machen Sie immer wieder Erzählpausen und lassen das Kind die fehlenden Wörter ergänzen oder den Satz vervollständigen. Durch das Erzählen stärken Kinder nicht nur ihre Fantasie, sondern verbessern auch ihr Sprachverständnis. Achten Sie darauf, dass eine Geschichte vollständig in einer Sprache erzählt wird. Vermischen Sie die Sprachen nicht innerhalb einer Geschichte! Die Lieblingsgeschichte Ihres Kindes kann man auch in mehreren Sprachen erzählen. Tun Sie dies möglichst in Ihrer eigenen Sprache. Möchten die Kinder von einem Erwachsenen die eine Geschichte in mehreren Sprachen hören, ist es wichtig, dass die neue „Sprachsituation" klar von der vergangenen abgetrennt wird. So erleichtern Sie Ihrem Kind, die Sprachen voneinander zu unterscheiden. Dies ist vor allem in den ersten vier Jahren wichtig, da es hier noch zu Sprachmischungen kommt.

Familienspiele wie „Hedbanz" oder „Wer ist es?" sind gute Instrumente, um die Sprache zu unterstützen. Dadurch wird geübt, die Fragen richtig zu formulieren. Das Sprachverständnis wird verbessert, Wortfindung und Wortbeschreibung werden trainiert. Im mehrsprachigen Kontext lassen sich diese Spiele so spielen, dass entweder eine gemeinsame Sprache vereinbart wird oder jeder Spieler in seiner eigenen Sprache spielt. Im letzteren Fall wird Ihr Kind die Sprache bezogen auf den aktuellen Spielpartner wählen, zwischen den Sprachen wechseln und dadurch seine Fähigkeit, zwischen den Sprachen flexibel umzuschalten, verbessern.

Weitere Ideen, wie man die Sprache spielerisch fördern kann, finden Sie auf der Seite der Initiative Multilingual-families.eu. Dort ist eine hilfreiche Sammlung an Spielen und sprachförderlichen Aktivitäten für Eltern und Kinder zwischen 0 und 10 Jahren zusammengestellt. Die Auflistung in 23 Sprachen finden Sie unter folgendem Link:
http://www.multilingual-families.eu/repository/for-parents/parent-s-guide

Spieltipps:
Hedbanz
© Spin Master Games

Wer ist es?
© Hasbro Gaming

Story Cubes
(in zahlreichen Variationen)
© Zygomatic

Mama, ich will dein Smartphone!

Sprachförderung mit Neuen Medien

Smartphones, Tablets oder Computer gehören zum Alltag der Familie und werden somit auch ein Teil der Welt der Kinder und ihrer Sprachentwicklung. Das Imitieren der Eltern beim Telefonieren oder eine gespielte Video-Konferenz ist die Übung der Kinder, sich ihrer Umwelt anzupassen. Ab welchem Alter die Nutzung der Neuen Medien sinnvoll ist, wie viel Zeit vor dem Bildschirm unbedenklich ist und wie sich die Apps zur Sprachförderung nutzen lassen, wird im Folgenden zusammengefasst.

Die Initiative Klicksafe im CEF (Connecting Europe Facility) Telecom Programm der Europäischen Union bietet den Eltern Empfehlungen und hilfreiche Tipps zum sicheren Umgang der Kinder mit dem Internet.

Was gilt es bei der Nutzung bis zum 3. Lebensjahr zu beachten?

Nutzungsdauer: max. 5 Minuten!

In der Regel sind die Kinder bis zum dritten Lebensjahr mehr an handfesten, konkreten Angeboten interessiert, die sich mit allen Sinnen erleben lassen. Da Eltern jedoch häufig Smartphone, Tablet oder Computer nutzen, wollen die Kinder auch ihre Erfahrungen sammeln.

Welche Erfahrungen können Kinder machen und wie lässt sich damit die Sprache und Mehrsprachigkeit fördern?

- Tippen auf der Tastatur oder auf dem Display und dadurch erste Erfahrungen mit den Lauten und den Buchstaben oder Zahlen sammeln
- Per Webcam mit Familienangehörigen sprechen und sich zum Beispiel von Oma oder Opa eine Geschichte erzählen oder auch das Lieblingsbuch vorlesen lassen; dadurch lässt sich der Kontakt zu den jeweiligen Sprachen stärken
- Fotos oder Bildergeschichten anschauen und dadurch den Wortschatz erweitern und die Erzählfähigkeiten fördern
- Lieder und Reime in mehreren Sprachen hören und mitsingen

Was gilt es bei der Nutzung im Alter von 4 bis 6 Jahren zu beachten?

Nutzungsdauer: ca. 20 Minuten, nicht unbedingt täglich!

Mit der wachsenden Selbstständigkeit der Kinder wächst auch das Interesse an Neuen Medien, die ihre Eltern oder älteren Geschwister nutzen.

Welche Erfahrungen können Kinder machen und wie lässt sich damit die Sprache und Mehrsprachigkeit fördern?

- E-Books in verschiedenen Sprachen gemeinsam anschauen und vorlesen
- E-Books mit Audio in mehreren Sprachen nutzen
- Hörbücher in mehreren Sprachen hören
- Lieder und Reime in mehreren Sprachen hören und mitsingen
- Videos und Kindersendungen in mehreren Sprachen anschauen und darüber sprechen
- Per Webcam mit Familienangehörigen sprechen, sich gemeinsam am Bildschirm mit Filtern, Emojis oder Stickern verwandeln und dadurch den Wortschatz mit Spaß erweitern
- Fotos oder Bildergeschichten anschauen und dadurch den Wortschatz erweitern und die Erzählfähigkeiten fördern
- Mit Finger oder Stift auf dem Tablet zeichnen und durch das Kommentieren und Erzählen die Sprache fördern
- Gemeinsam ein Video, z. B. eine Videobotschaft, erstellen (für Oma und Opa …)
- Einfache Spiele, wie Bildersuche oder Memory, spielen und dabei die Bilder benennen
- Ein Lernspiel ausprobieren
- Sinnvolle Tools wie Stoppuhr in den Alltag integrieren

Was gilt es bei der Nutzung im Grundschulalter zu beachten?

Nutzungsdauer: täglich ca. 30–45 Minuten

Im Schulalter wächst bei den meisten Kindern das Interesse an der Nutzung der Neuen Medien. Viele besitzen ein Smartphone. Es werden nicht nur die Internetseiten der Kinderfernsehsender genutzt, sondern auch Videoportale oder soziale Netzwerke. Die Initiative Klicksafe (s. o.) bietet auch hier den Eltern hilfreiche Tipps, wie sie die Mediennutzung bei Kindern entsprechend regulieren können.

Welche Erfahrungen können Kinder machen und wie lässt sich damit die Sprache und Mehrsprachigkeit fördern?

- E-Books in verschiedenen Sprachen lesen
- Hörbücher in mehreren Sprachen nutzen
- Lieder, Videos und Kindersendungen in mehreren Sprachen anschauen
- Lernspiele in verschiedenen Sprachen spielen
- Nach Begriffserklärungen online suchen und dabei die Bildersuche nutzen
- Nach Äquivalenten in den jeweiligen Sprachen online suchen
- Sinnvolle Tools, wie Timer, Lupe oder Kompass, in den Alltag integrieren

Mobile Applikationen

Es existieren zahlreiche mobile Applikationen, die Kinder nutzen können. Bei der Entscheidung, welche App für das eigene Kind die richtige ist, können Sie sich als Eltern von der EU-Initiative Klicksafe unterstützen lassen. Auf dem Portal https://www.klicksafe.de/eltern/ finden Sie neben hilfreichen technischen und datenschutzrechtlichen Tipps auch viele Links- und Materialempfehlungen.

Viele mobile Applikationen lassen sich sehr gut zur Sprachförderung und zur Unterstützung der Mehrsprachigkeit einsetzen. Die Stiftung Lesen gibt hier Empfehlungen, wie das digitale Lesen gelingt und welche Apps für welches Alter gut geeignet sind → https://www.stiftunglesen.de/leseempfehlungen/digitales/

Das Deutsche Jugendinstitut bietet auch eine App-Datenbank für Kinder → https://www.dji.de/ueber-uns/projekte/projekte/apps-fuer-kinder-angebote-und-trendanalysen/datenbank-apps-fuer-kinder.html Darin kann man die Apps nach Art, Alter, Thema oder Rezension durchsuchen. Die Internetseite Klick Tipps bietet ebenfalls eine Sammlung der Apps, die für Kinder geeignet sind → https://www.klick-tipps.net/eltern/app-tipps/.

Mobile Applikationen bis zum 3. Lebensjahr

App	Anbieter	Bild der App	Wie kann ich dadurch die Sprache und Mehrsprachigkeit fördern?
Berühren, sehen, hören. Meine ersten Wörter	StoryToys Entertainment Limited	 	Ein Bilderbuch mit realistischen Bildern, die sich in 3D-Szenen abspielen lassen. In 14 Kategorien können Kinder Tiere, Fahrzeuge oder Farben und Zahlen selbst benennen oder in der App benennen lassen. Dabei lässt sich die Zweitsprache ein- oder ausschalten.

Mobile Applikationen bis zum 3. Lebensjahr (Fortsetzung)

App	Anbieter	Bild der App	Wie kann ich dadurch die Sprache und Mehrsprachigkeit fördern?
HiPP Kinder-App	HiPP Deutschland		Eine ausführliche Spielesammlung, in der Kinder ihren Wortschatz zu Themen wie Tiere, Farben und Zahlen erweitern. Durch Memo-, Merk- und Suchspiele können die Aufmerksamkeit und das Sprachverständnis der Kinder verbessert werden.
Im Gras	Rossipotti Medien		Ein digitales Bilderbuch mit zusätzlichen Animationen, Reimen und Rätseln, die den Wortschatz, das Sprachverständnis und die Sprachwahrnehmung fördern.
Mein Bauernhof. Wimmel-App für Kinder	wonderkind GmbH		Ein digitales Wimmelbuch, mit dem sich in 15 Sprachen der Bauernhof entdecken lässt. In 4 Szenen und etwa 90 interaktiven Kurzgeschichten lassen sich das Sprachverständnis, der Wortschatz und die Erzählfähigkeit der Kinder fördern.
Shape Gurus	Colto Srl		In 12 Sprachen können Farben, Formen und Kategorien spielerisch gelernt werden.

Mobile Applikationen für Kinder zwischen 4 und 6 Jahren

App	Anbieter	Bild der App	Wie kann ich dadurch die Sprache und Mehrsprachigkeit fördern?
Capt'n Sharky Erste Buchstaben	Tivola Publishing GmbH		Auf einem Piratenschiff lassen sich mit der App spielerisch die Buchstaben lernen. Die Sprachausgabe ermöglicht den Kindern, selbst die App zu bedienen, ohne dass sie lesen können.
Die große Wörterfabrik	Mixtvision Mediengesellschaft mbH		Ein digitales Bilderbuch in deutscher, englischer und französischer Version, mit dem sich die Erzählfähigkeit, das Sprachverständnis und das Sprachgefühl der Kinder fördern lassen. Ältere Kinder können mit den integrierten Spielen auch weitere Fähigkeiten, wie etwa Silbentrennen, üben.
Eins Zwei Drei Tier	Multiverso		Die nach dem gleichnamigen Bilderbuch erstellte Applikation fördert Sprachbewusstsein durch das Spielen mit Reimen in witzigen Animationen mit Tieren.
Spiel ABC, Willi Wiberg	Gro Play		In 6 Sprachen können Laute mit Buchstaben verbunden werden, Buchstaben nachgezeichnet werden, das Buchstabieren geübt und Geschichten erzählt werden.

Mobile Applikationen für Kinder zwischen 4 und 6 Jahren (Fortsetzung)

App	Anbieter	Bild der App	Wie kann ich dadurch die Sprache und Mehrsprachigkeit fördern?
Tino, das Dreieck: Spiel & Buch	Larixpess GmbH		Mit lustigen Animationen lässt sich hier das Sprachverständnis für Tiere, Formen und Farben verbessern. In einer Kombination aus Erzählung und Interaktion wird hier in deutscher, englischer und italienischer Version auch die Erzählfähigkeit geübt.

Mobile Applikationen für Kinder ab 6 Jahren

App	Anbieter	Bild der App	Wie kann ich dadurch die Sprache und Mehrsprachigkeit fördern?
Antolin Lesespiele	Westermann digital GmbH		Eine ausführliche Sammlung von Lernspielen, geordnet nach Schulklassen. Je nach Alter lässt sich hier Buchstabieren, Silbentrennen, Leseverständnis oder Rechtschreiben fördern.
Anton	Solo Code		Eine Lern-App, mit der sich u. a. das Lesen je nach Klassenstufe üben lässt. Die Inhalte sind für Deutsch als Zweitsprache konzipiert.

Mobile Applikationen für Kinder ab 6 Jahren (Fortsetzung)

App	Anbieter	Bild der App	Wie kann ich dadurch die Sprache und Mehrsprachigkeit fördern?
Blitzlesen: Das Original	Simon Storz		Eine Lese-App, die das ganzheitliche Lesen von Wörtern aus dem Grundwortschatz im Deutschen und im Englischen spielerisch trainiert.
Conni Lesen	Carlsen Verlag		ABC-Spiele mit Groß- und Kleinbuchstaben, wie Buchstabensuppe oder Leseautomat mit 200 Wörtern. Dadurch lässt sich das Lesen, die Aufmerksamkeit und das Wortverständnis fördern.
Grundschule Deutsch	Westermann digital GmbH		Eine App, die als Ergänzung zum gleichnamigen Schulbuch genutzt werden kam, um Deutsch auf verschiedenen Schwierigkeitsstufen zu üben.

Echo-Geräte

Im Alltag werden auch die Sprachassistenten immer präsenter. Das Echo-Gerät von Amazon bietet inzwischen viele Skills, die die ganze Familie nutzen kann. Sie können nicht nur den Alltag erleichtern, sondern lassen sich auch gut zum Spielen einsetzen. Alle verfügbaren Skills sind unter → https://www.amazon.com/alexa-skills/b?ie=UTF8&node=13727921011 zu finden. Es kommen täglich neue Skills dazu. Viele davon sind jedoch noch nicht ausgereift und nicht empfehlenswert.

Welche Skills sind für Kinder geeignet und lassen sich auch gezielt zur Sprachförderung einsetzen?

Alle Skills lassen sich mit dem Satz: „Alexa, starte (Name des Skills)!" aktivieren. Danach folgt man einfach den sprachlichen Anweisungen von Alexa.

➲ Skill **„Wieso? Weshalb? Warum?"** ist ein Quiz für Kinder im Alter zwischen 4 und 7 Jahren. Man kann aus den drei Themen *Bauernhof, Pferde* oder *Fußball* wählen. Alexa stellt fünf Fragen zu Geräuschen oder Sachwissen und gibt drei Antwortmöglichkeiten vor, man muss sich dann für ein „Ja" oder „Nein" entscheiden. Dadurch lässt sich das auditive Erkennen von Geräuschen üben, das Sprachverständnis fördern und der Wortschatz erweitern.

➲ Für den Skill und das Spiel **„Schau Schau"** benötigt man einen zusätzlichen Kartensatz, den man im Internet kaufen kann. Man legt die in Farben eingeteilten Karten mit den abgebildeten Gegenständen vor sich auf den Tisch. Alexa stellt Aufgaben zu den Gegenständen. Zum Beispiel: „Finde ein Tier mit zwei Beinen". Wenn man das richtige gefunden hat, muss man die Farbe der Karte nennen, auf der der Gegenstand zu sehen ist. Ein hervorragendes Spiel, um das Sprachverständnis zu fördern und semantische Kategorien nach deren Bedeutungsmerkmalen zu bilden.

➲ Mit dem Skill **„Stopptanz"** lassen sich gut das auditive Gedächtnis und das Sprachverständnis fördern. Alexa stellt eine Aufgabe wie zum Beispiel: „Wenn die Musik aufhört, setzt du dich auf den Boden". Hierbei muss das Kind die Aufgabe erfassen und nach dem Tanz ausführen. Ein sehr gutes Training für das auditive Gedächtnis und Sprachverständnis!

➲ Eine andere Variante ist der Skill **„Lasst uns tanzen"**. Er bietet noch mehr lustige Aufgaben.

➲ Der Skill „Kinderquiz" ist für Kinder ab 3 Jahren geeignet. Hier werden verschiedene Themen wie Tierstimmen, Farben oder Kinderfernsehserien behandelt. Es werden Ja-/Nein-Fragen gestellt. Dadurch lassen sich die Aufmerksamkeit und das Sprachverständnis fördern.

➲ Im Skill „Kinderturnen" schlägt Alexa ein Tier vor und fordert dazu auf, die für diese Tiere typischen Bewegungen auszuführen: „Galoppiere wie ein Pferd!" Das Sprachverständnis wird verbessert und der Wortschatz erweitert. Dabei können verschiedene neue Verben gelernt werden, wie etwa laufen, stolzieren, galoppieren, krabbeln oder hüpfen.

➲ Eine anspruchsvollere Variante ist der Skill „Tierisch fit". Sie enthält längere Beschreibungen von Tieren und komplexere Anweisungen.

➲ Der Skill „Zauberfee" verzaubert alle in Fahrzeuge, Tiere oder Berufe. Zuallererst braucht man eine Zauberstation im Zimmer. Das kann der Teppich oder das Sofa sein. Nachdem die Zauberfee das Kind verzaubert hat, muss es sich entsprechend dem Zauberspruch bewegen oder tanzen. Sobald die Musik aufhört und ein Signal ertönt, muss es zur Zauberstation zurück. Mit Zauberfee trainiert man Aufmerksamkeit, Sprachverständnis und lernt auf einfache Weise die Ober- und Unterbegriffe.

➲ Das bekannte Spiel „Wer bin ich?" kennt Alexa auch. Dabei beschreibt sie einen Beruf oder ein Tier. Sie gibt so viele Hinweise, bis man die Antwort weiß. Damit lassen sich nicht nur das Sprachverständnis und der Wortschatz verbessern, sondern auch der Perspektivenwechsel und die pragmatischen Fähigkeiten des Kindes trainieren.

➲ Beim Skill „Tiere raten" muss man einfache Tiere nach ihren Geräuschen erraten. Dadurch fördert man die Aufmerksamkeit und die auditive Wahrnehmung des Kindes.

➲ Eine weitere Variante ist der Skill „Tierwelt". Hier werden fünf Tiere nacheinander abgefragt.

➲ Im Skill „Ratehelden" werden Berufe beschrieben. Anhand dieser Beschreibungen muss man die Berufe erraten. Als Hilfe gibt Alexa nach der Beschreibung verschiedene Antwortmöglichkeiten vor. Dies fördert das Sprachverständnis, den Wortschatz und die semantische Kategorienbildung.

➲ Mit Alexa kann man auch Rollen tauschen und „Akinator" spielen. Dabei überlegt man sich eine Figur, Mensch oder Tier, echt oder aus der Märchenwelt, die Alexa erraten muss. Alexa stellt die Fragen und man muss ihr nur mit einem „Ja" oder einem „Nein" antworten. Ein gutes Training für das Sprachverständnis und den Perspektivenwechsel.

➲ Der Skill „Kommando Pimperle" entspricht dem bekannten Reaktionsspiel, allerdings übernimmt hier Alexa die Rolle des Spielleiters. Es gibt nur ein Kommando: „Alle ... fliegen hoch!" (z. B. „Alle Tische fliegen hoch" oder „Alle Marienkäfer fliegen hoch"). Die Spieler müssen sich nun entscheiden, ob die genannten Tiere und Gegenstände fliegen können. Der Skill ist für das Sprachverständnis und für die erste Bildung von Kategorien und semantischen Merkmalen gut geeignet.

➲ Im Skill „Mensch oder Tier oder Ding" spielt Alexa ein Geräusch vor und die Spieler entscheiden, zu was es gehört. Damit werden nicht nur die auditive Differenzierungsfähigkeit und die Fähigkeiten, Bedeutungskategorien zu bilden, gefördert, sondern auch weitere wichtige Fähigkeiten, wie z. B. Bestimmung der Wortarten, was den Schulkindern helfen kann.

➲ Der Skill „Stolperwort" eignet sich ebenfalls hervorragend zum Training von metalinguistischen Fähigkeiten. Hier nennt Alexa einen Satz, der ein Stolperwort, also ein nicht zum Satz passendes Wort, enthält. Dieses muss man ihr dann nennen. Wörter zu erkennen, die nicht in den jeweiligen Satz passen, fördert das auditive Gedächtnis und das phonologische Bewusstsein. Beides sind wichtige Fähigkeiten, die Kinder beim Schuleintritt brauchen.

Alexa Skill	Fähigkeit			
	Auditives Unterscheiden und Gedächtnis	Sprach-verständnis	Wortschatz	Sprach-bewusstsein
Wieso? Weshalb? Warum	x	x	x	
Schau Schau		x	x	
Stopptanz	x	x		
Lasst uns tanzen!		x		
Kinderquiz	x	x		
Kinderturnen		x	x	
Tierisch fit		x	x	
Zauberfee			x	
Wer bin ich?		x	x	x
Tiere raten	x			
Tierwelt	x			
Ratehelden (Berufe)		x	x	
Kommando Pimperle			x	
Mensch oder Tier oder Ding			x	x
Stolperwort	x			x
Akinator			x	

Schlusswort

Es ist es wert, die Mehrsprachigkeit zu fördern! Auch wenn Sie das Gefühl haben, der Alltag überwältigt Sie, oder Sie unsicher sind, ob zu viele Sprachen Ihr Kind nicht doch überfordern. Geben Sie es nicht auf! Es lohnt sich! Kinder zeigen ein natürliches Interesse an Sprachen und wissen das sprachliche Angebot zu verwerten. Einfach konsequent in Ihrer eigenen Sprache zu bleiben und die Sprachen nicht miteinander zu vermischen, hat bereits einen großen Einfluss auf die richtige Sprachentwicklung Ihres mehrsprachigen Kindes. Ausreichendes sprachliches Angebot in den jeweiligen Sprachen bietet dem Kind wertvolles Material, aus dem es seine sprachliche Welt aufbaut. Familie, Großeltern und Freunde können hier ihre Rolle als Lieferanten des sprachlichen und des kulturellen Baumaterials spielen. Durch Ihre sprachförderlichen Strategien und Techniken helfen Sie Ihrem Kind, sein Bausystem besser zu beherrschen und zu perfektionieren. Und scheuen Sie sich dabei nicht, ihm auch den Zugriff zu den modernsten Werkzeugen zu ermöglichen. Zahlreiche Bilderbücher, Spiele und mobile Applikationen bieten sich hierfür an.

Literatur und Quellen

Abdelilah-Bauer, B. (2015). Zweisprachig aufwachsen: Herausforderung und Chance für Kinder, Eltern und Erzieher (3. Aufl. 2016). München: Verlag C. H. Beck

Bezirksregierung Köln (2019). Sprachstark. Gelebte Mehrsprachigkeit. Online verfügbar unter: www.bezreg-koeln.nrw.de

Bourgogne, A. (2013). Be bilingual: Practical ideas for multilingual families. S.I.: Selbstverlag

Chilla, S. & Niebuhr-Siebert, S. (2017). Mehrsprachigkeit in der KiTa: Grundlagen – Konzepte – Bildung. Entwicklung und Bildung in der Frühen Kindheit. Stuttgart: Kohlhammer Verlag

Edition bi:libri und weitere Verlage (2020). Broschüre mehrsprachige Kinderbücher 2020–2021. Online Verfügbar unter: https://www.edition-bilibri.com/wp-content/uploads/2020/09/Mehrsprachige-Kinderb%C3%BCcher-2020-2021.pdf

Hofbauer, C. (2018). Sprachen und Kulturen im Kita-Alltag. Freiburg, Basel, Wien: Herder

Houwer, A. de (2018). Input, context and early child bilingualism: implications for clinical practice. In: E. Dattner & D. Ravid (Eds.), Handbook of Communication Disorders (pp. 599–616). Berlin, Boston: De Gruyter

Houwer, A. de (2017). Minority Language Parenting in Europe and Children's Well-Being. In: N. J. Cabrera & B. Leyendecker (Eds.), Handbook on positive development of minority children and youth (pp. 231–246). Cham, Switzerland: Springer

Houwer, A. de (2015). Harmonious bilingual development: Young families' well-being in language contact situations. International Journal of Bilingualism, 19(2), 169–184. https://doi.org/10.1177/1367006913489202

Jeuk, S. (2018). Deutsch als Zweitsprache in der Schule: Grundlagen – Diagnose – Förderung (4. Aufl.). Lehren und Lernen. Stuttgart: Verlag W. Kohlhammer

Jiménez, I. M. (2015). Mit Sprache umhüllen: Praktische Tipps für die bilinguale Erziehung (1. Aufl.). Pulheim: SchauHoer

Kniffka, G. & Siebert-Ott, G. (2009). Deutsch als Zweitsprache: Lehren und Lernen (2., durchges. Aufl.). StandardWissen Lehramt. Paderborn: Schöningh

Lehmann, U., Mahssasse, K., Sachse, S. & Volkmann, G. (2018). So funktioniert alltagsintegrierte Sprachbildung – die besten Ideen aus der Kita-Praxis. Mülheim an der Ruhr: Verlag an der Ruhr GmbH

Montanari, E. & Panagiotopoulou, A. (2019). Mehrsprachigkeit und Bildung in Kitas und Schulen. utb Pädagogik, Sprachwissenschaft. Tübingen: Narr Francke Attempto Verlag

Nodari, C. & Rosa, R. de (2006). Mehrsprachige Kinder: Ein Ratgeber für Eltern und andere Bezugspersonen (2. Aufl.). Bern: Haupt

Proßowsky, P. & Delitz, G. (2017). 100 schnelle Spiele für Deutsch als Zweitsprache: DaZ-Sprachförderung und Integration in Vorschule und Grundschule (1. und 2. Klasse). Auer Verlag i.d. AAP LFV.

Wilkening, N. (2017). 66 tolle Spiele zum Deutschlernen in der Kita: Anleitungen und Materialien für Deutsch als Zweitsprache und zur Sprachförderung. Mülheim an der Ruhr: Verlag an der Ruhr GmbH

Wintermeier, G. (2016). Die 50 besten Spiele für Deutsch als Zweitsprache. München: Don Bosco Medien GmbH

Infoportale zur Mehrsprachigkeit

https://www.mehrsprachigkeit.uni-konstanz.de/
https://www.bielefelder-institut.de/fruehkindliche-zweisprachigkeit.html
https://www.fmks.eu/
https://www.verband-binationaler.de/
https://bilingual-erziehen.de/
https://bilingual-babies.com/
http://www.multilingual-families.eu/
https://www.thepiripirilexicon.com/p/be-multilingual.html

Verlage

International Children's Digital Library: http://www.icdlbooks.org/
Alkutub: https://www.arabischesbuch.de/
Amiguitos: https://www.amiguitos.de/
Anadolu Verlag: http://www.anadolu-verlag.de/
Baobab Books: https://www.baobabbooks.ch/
Éditions Bernest: https://www.bernest.at/
Edition bi:libri: https://www.edition-bilibri.com/
Das schlaue Schaf Verlag: https://shop.dasschlaueschaf.de/
Edition Orient: https://www.edition-orient.de/
Edition Lingua Mundi: http://www.edition-lingua-mundi.com/
Hochfeld Verlag: https://www.hochfeld-verlag.de/
BiLi Reihe des Olms Verlags: http://www.olms.de/
Bilingus: http://www.bilingus.de/
Mantralingua: http://www.mantralingua.com/
Minedition: http://www.minedition.com/
Önel Verlag: https://www.oenel.com/
SchauHoer Verlag: https://schauhoer.buchkatalog.de/
Bilinguale Sektion des Sefa Verlags: https://www.childrens-books-bilingual.com/ und https://www.sefa-verlag.de/
Schlauberger Verlag: https://www.shop.schlauberger-verlag.de/
Talisa Verlag: https://talisa-verlag.com/
Tamaki Books: https://www.tamakai-books.de/de/
Verlag Tintenfass: http://www.verlag-tintenfass.de/
Viel und mehr Verlag: http://www.vielundmehr.de/

Weitere Webseiten

Kitakram: https://kitakram.de/eine-sammlung-klassicher-und-neuer-fingerspiele/
Buchstart Hamburg: https://buchstart-hamburg.de/kinderreime-international/
Zungenbrecher: https://www.heilpaedagogik-info.de/zungenbrecher.html
Klicksafe: https://www.klicksafe.de/eltern/
Stiftung Lesen https://www.stiftunglesen.de/leseempfehlungen/digitales/
Deutsches Jugendinstitut:https://www.dji.de/ueber-uns/projekte/projekte/apps-fuer-kinder-angebote-und-trendanalysen/datenbank-apps-fuer-kinder.html
Klick Tipps https://www.klick-tipps.net/eltern/app-tipps/